Toilet Training for Individuals with Autism or other Developmental Issues
2nd Edition

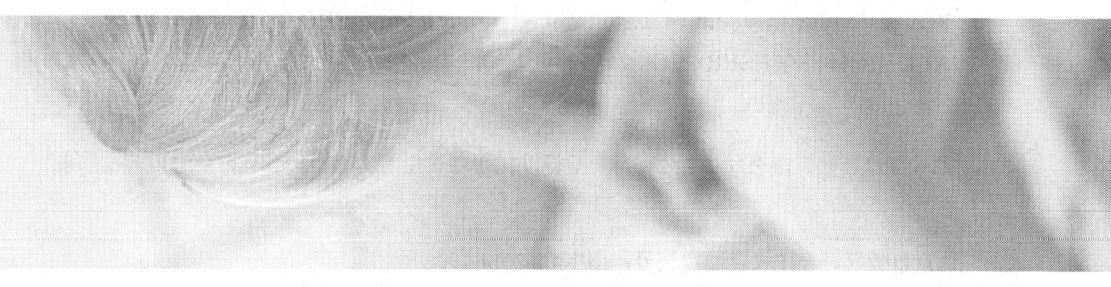

[第2版]

孤独症和相关障碍儿童
如厕训练指南

［美］玛丽亚·惠勒（Maria Wheeler）◎著

宋 玲◎译

图书在版编目（CIP）数据

孤独症和相关障碍儿童如厕训练指南：第 2 版 /（美）玛丽亚·惠勒（Maria Wheeler）著；宋玲译. --北京：华夏出版社有限公司，2021.10

书名原文：Toilet Training for Individuals with Autism and other Developmental Issues: 2nd Edition

ISBN 978-7-5222-0130-6

I.①孤… II.①玛… ②宋… III.①孤独症－儿童教育－特殊教育－指南 IV.①G766-62

中国版本图书馆 CIP 数据核字(2021)第 132422 号

Permission for this edition was arranged through Future Horizons.
ALL RIGHTS RESERVED.

©华夏出版社有限公司　未经许可，不得以任何方式使用本书全部及任何部分内容，违者必究。

北京市版权局著作权合同登记号：图字 01-2014-1908 号

孤独症和相关障碍儿童如厕训练指南：第 2 版

作　　者	[美] 玛丽亚·惠勒
译　　者	宋　玲
责任编辑	薛永洁　李傲男
出版发行	华夏出版社有限公司
经　　销	新华书店
印　　刷	三河市少明印务有限公司
装　　订	三河市少明印务有限公司
版　　次	2021 年 10 月北京第 1 版 2021 年 10 月北京第 1 次印刷
开　　本	720×1030　1/16 开
印　　张	10
字　　数	107 千字
定　　价	49.00 元

华夏出版社有限公司 地址：北京市东直门外香河园北里 4 号　邮编：100028
网址：www.hxph.com.cn　电话：(010) 64663331（转）

若发现本版图书有印装质量问题，请与我社营销中心联系调换。

谨以此书献给我认识的所有孩子、成人、家庭和教育工作者，是你们让我有机会能够从你们独特的视角来审视孤独症。感谢你们与我分享观点、认识和经验，这让一切都变得与众不同。在分享想法、失败、成功以及生活经验的过程中，你们所展现出来的慷慨与宽容，不仅提升了其他人的生活品质，也给他们带来了新的希望。

致 | 谢

首先，我要感谢克里斯（Chris）、莎拉（Sarah）、乔希（Josh）以及其他孩子，他们不仅让我了解了如厕训练的真实状况，而且还让我看到了成人的泪水、孩子的怒火，体验了一刻不停的清理工作，这些都是宝贵的早年磨炼。这些孩子不仅需要社会的接纳，而且需要独立自主，我也因此拥有了源源不断的动力去开拓广阔的研究领域，去探索相应的干预方法。唯有如此，我才能在获取更多信息和知识的同时，找到消除屏障、帮助孩子们成功掌握这项基础技能的方法。在这种新知识的协助下，我们早年的挫折感会迅速转化为成功掌握技能的满足感和对身体的自主权。

我还要感谢韦恩·吉尔平（Wayne Gilpin）和未来地平线公司（Future Horizons Inc.），他们为本书的出版提供了大量的专业建议，并付出了巨大的努力。

特别感谢珍妮弗·吉尔平（Jennifer Gilpin），是她建议我将撰写本书的想法纳入日程。

目 录

前　言 / I

第 1 章　如厕训练的重要性 / 1

第 2 章　确定个体的准备状况 / 13

第 3 章　建立一套如厕常规 / 19

第 4 章　准备如厕所需的衣物 / 35

第 5 章　习惯培养 / 47

第 6 章　大小便控制教学 / 55

第 7 章　表达上厕所的需求 / 67

第 8 章　如厕训练何时能成功 / 77

第 9 章　在陌生的环境里上厕所 / 83

第 10 章　训练夜间大小便控制 / 91

第 11 章　支持性策略 / 99

第 12 章　常见问题及其解决方案 / 105

附　录 / 135

关于作者 / 147

前言

人生在世，有三件事无法假他人之手：睡觉、饮食和大小便。从出生开始，每个孩子就在学习掌控自己的身体。在普通孩子都已经普遍学会调控这些基本的身体功能的时候，孤独症人士可能却在经历一个更加艰难的时期。对他们而言，如厕训练可能会演变成一个非同寻常的挑战。

安妮，一名7岁的孤独症女孩，已经学会了在早餐之后去厕所大便。她能够擦干净自己的屁股，提起并穿好自己的内裤，然后洗手、擦干手，但是她拒绝冲厕所。为什么？因为她哭喊着："这是安妮拉的！"冲厕所对她来说，可能意味着要毁掉她身体的一部分宝贵产物。

博比，一名六年级的孤独症学生，非常害怕在学校使用盥洗室。为什么？因为冲厕所的声音听起来格外刺耳，而且男盥洗室里的水龙头在不断地喷水，这些都让他敏感的听觉系统备受折磨。他宁愿设法"憋着"，也不愿走进那个令他痛苦的房间。

柯蒂斯，一个十几岁的阿斯伯格综合征少年，会把大小便拉在自己的裤子里，而不去使用学习中心的盥洗室。为什么？因为他患有运用障碍（dyspraxia）——一种以感觉为基础的运动失调。他无法产生解开裤子纽扣和拉开拉链的念头，也不知道该如何组织这些任务的动作计划以及如何执行这一计划。他被这一连串复杂的动作轻而易举地打败了,甚至都不愿去尝试一下。

唐纳德,一个二十几岁的孤独症青年,宁愿使用尿布。为什么?因为一块满载着自身排泄物的尿布所产生的重量和压力,能够缓解他皮肤上的触觉痛苦。

所有孤独症个体都是独一无二的,导致他们如厕问题的原因也各不相同。有一种原因可能源自误解,例如小安妮,她认为冲厕所可能会冲走自己身体的一部分。其他原因可能包括这个人正心烦意乱,或者没有意识到自己需要大便了,或者一到大便时间就会变得不舒服,又或者是当时他正因为被人指责不合作而在经历一场情绪崩溃。

如厕问题通常源于一个非常普遍的根本原因:加工感觉信息有困难。这种问题被称为感觉加工障碍(Sensory Processing Disorder,简称 SPD),它几乎困扰着所有孤独症谱系障碍人士。在上厕所的过程中,SPD 究竟扮演了什么角色呢?

一些个体可能对感觉有过度反应。盥洗室里的声音令他无所适从,或者皮肤接触马桶座圈的感觉令他不舒服,又或者坐在马桶上双脚悬空的状态让他们感觉自己会掉进去。这些感觉逃避者会远离所有他们无法解释的感觉和情境。

一些个体则对感觉反应过低。他们可能缺乏身体意识,不知道自己需要排泄;或者没有注意到自己的内裤已经装满了,衣服也湿了,自己闻起来很糟糕了。这些感觉漠视者会忽略重要的感知觉。

一些个体会寻求某种感觉刺激。把温热的、黏糊糊的排泄物"带在"身上，可能会让他们感到很舒服；用双手涂抹排泄物可能会带来愉悦感，令他们更加敏捷、活跃。这些感觉渴求者想要得到的刺激可能并不会得到社会的认同。

一些个体在分辨不同的感觉刺激时遇到了困难。他们可能无法辨别"拉完了"与"快拉完了"之间的区别，因而可能会在大便还没拉完时就跳下了马桶。这些感觉混乱者无法识别某一种具体的感觉。

一些个体患有以感觉为基础的运动失调。例如姿势障碍，它会导致儿童无法摆出和维持一个稳定的姿势。对这些感觉衰退者而言，抓紧不放和原地不动都是很难完成的动作。另一种以感觉为基础的运动失调叫运用障碍，具体案例详见前面提到的柯蒂斯，他们看上去都比较笨手笨脚。

玛丽亚·惠勒，一位有智慧的、富有同情心的行为分析师，她不仅了解感觉加工障碍，而且深知其他导致如厕问题的各种障碍。在这本独特的著作中，她解答了所有难题：感觉方面的、认知方面的、情绪上的、发展上的，或者沟通上的。她为奋战在一线的家长、老师和其他护理者提供了一系列合理的、切实可行的建议去帮助孤独症人士掌握如厕技能。她的明智建议包括：利用个体对仪式的喜好来帮助他完成如厕；或者播放古典音乐，同时提供满满一桌的安抚玩具，从而把坐马桶变成一种愉快的经历。她还介绍了很多案例，并向我们说明：当护理者注意观察孤独症人士的行为，并认识到行为背后隐藏的深意时，就能成功地找到解决办法。

万分感谢玛丽亚选取了一个永远不会过时的主题,有些人写书是不得已而为之,而她的著作却非常了不起!

——卡罗尔·S. 克拉诺维茨(Carol S.Kranowitz,M.A.)
《不同步的孩子》(*The Out-of-Sync Child*)的作者

第 1 章

| 如厕训练的重要性 |

第1章 如厕训练的重要性

如何成功、独立地上厕所是人们曾经学过的最重要的技能之一。被弄湿的、脏兮兮的衣服会让人们把大量的时间、精力和资源都消耗在个人身体护理的需求上。潮湿或被弄脏的衣服，或者糟糕的如厕卫生习惯，也会明显影响社会对个体的接纳度。一些不适应行为，源于缺乏社会认可的如厕技能，它们给个体及其护理者带来了各种健康隐患。研究者已经指出，孤独症人士是最难接受如厕训练的人群。许多用来训练普通儿童上厕所的方法在孤独症人士身上都失去了效力。但是，仍然有一些策略已经被证实可以有效地教会孤独症人士掌握如厕技能。

影响如厕训练的孤独症特征

每一个个体都是独一无二的。可是，孤独症的某些特征会影响人的行为。在如厕训练时，这些因素会对你将要体验到的成功和挑战带来重大影响。为了在训练中获得成功，在设计干预计划时，必须充分考虑个体独有的特征和需求。

在为孤独症人士设计干预计划时，应该考虑他们的如下特征：

- 沟通需求。

- 言辞刻板的沟通。

- 感觉意识（sensory awareness）。

- 对刺激敏感。

- 偏爱常规或仪式。

- 动作计划障碍。

- 模仿能力有限。

- 序列学习（sequential learning）。

- 焦虑水平较高。

- 很难调整行为来适应新的情境。

当个体必须依赖看护人的帮助才能使用卫生设施时，沟通便在如厕训练过程中扮演着重要角色。不仅如此，为了教会个体掌握如厕的各项步骤，双方必须进行有效沟通。在设计干预计划时，请记住：孤独症人士倾向于按字面意思和固定不变的方式来理解语言。

感觉问题也会影响他们对如厕训练的反应。对与排泄有关的身体变化的意识水平，对来自衣服的触觉刺激和盥洗室的环境刺激敏感，都会影响如厕训练的有效性。

可以把孤独症人士对常规和仪式的偏好当作优点，在这个基础上把上厕所变成一项常规。我们经常通过创造一些新的仪式，在原有的常规与新的情境之间搭建起一座桥梁，来纠正孤独症人士的另一个特性：难以通过调整行为来适应新的情境（例如，在新环境中使用不同的马桶）。也可以利用这些常规和仪式把如厕技能分解成一系列连续的步骤，为孤独症人士提供必要的序列学习。

孤独症人士的模仿学习能力明显有限；然而，模仿却是教授新技能或新行为的一种有效策略。请记住一点：对错误行为的模仿与习得被社会认可的技能一样容易。因此，在运用任何形式的模仿时，必须依靠有效的沟通策略将孤独症人士的注意力导向有待模仿的具体行为。千万别冒险把这当作一种偶然。如果他们的注意力分散或者集中在无关细节上,他们将会习得一连串错误的步骤。

能否成功地上厕所也会受动作计划障碍的影响。当一个人发现自己很难规划和执行某个特定行为所必需的身体动作时,独立地进入和使用厕所可能会变成一个压倒一切的挑战。对孤独症人士来说,明确地知道自己应该做什么,却没有能力启动完成任务所需的身体动作,是很常见的。这种情况可能会不断发生,也可能会偶尔发生。

上面描述的所有特征都可能会加深与如厕训练相关的焦虑、挫败和混乱程度。孤独症人士的这些感觉时常以行为不当的形式表现出来——似乎是在坚决抵制使用厕所,或者极力克制自己的尿意、便意。仔细而全面地分析这些特征在成功的如厕教学中扮演着必不可少的角色。

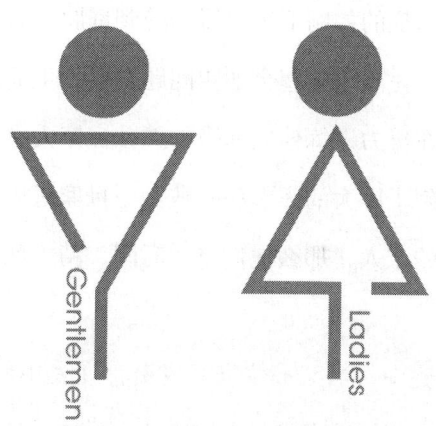

对家庭生活、家庭成员和社区的冲击

如厕训练问题会以各种方式对家庭生活、家庭成员和社区产生影响。不同的家庭成员、家庭生活环境以及社区环境都会受到不同程度的影响。小到一个孩子冲几次厕所,大到青少年或成年人的独立性、工作和社会生活,这些需求和回应都会因大小便失禁的问题或者糟糕的如厕卫生习惯而受到威胁。有些家庭发现给孩子包上尿布,完全不去理会如厕问题,会让生活更加从容;而另一些家庭则在努力训练他们深爱的孤独症亲人掌握如厕技能的过程中,感受到了巨大的焦虑和挫败。一旦家庭需要照顾没有接受过如厕训练的亲人,那么他们将在时间、精力和经济上承受相当大的压力。

在有些家庭中,当某一位家庭成员存在大小便失禁问题时,其兄弟姐妹或者其他家庭成员也许会感觉尴尬。如果这位大小便失禁的家庭成员已经长大,并且能轻而易举地接触家庭以外的环境,那么此事就更应该得到重视。一个没有接受过如厕训练的人,或者正在学习如何使用厕所的人,通常需要额外的关注,这往往会引发来自兄弟姐妹或其他家庭成员的妒忌。这些感受可能会以生气、不满、内疚或各种行为问题的形式表现出来。

当家庭中有一位成员没有学会使用厕所时,家庭的资金很容易就会因购买尿布、衣服或其他必需的物品和设备而消耗殆尽。如果因为钱都花在了孤独症成员所需的资源上,而导致其他人无法购买想要的东西,就更可能引发不满。此外,满足一个没有接受过如厕训练的人的需求对看护者的体力要求极高,毕竟那需要他们从早到晚反复地帮他抬高身体或从事其他体力活动。当尝试如厕训练的方法不成功时,父母也可能会质疑自己的教养技能。

当有孤独症的家庭成员没有接受如厕训练时,请注意以下八点:

- 明确这种情况会对你的家庭和经济收入造成哪些冲击。

- 获取一切能利用的资源,如公共医疗补助或公立学校的非教育类款项,以缓解家庭在购买尿布、设备以及雇佣临时看护人员等方面的费用压力。

- 确定这位家庭成员是否已经做好了接受如厕训练的准备。

- 确定花在有效如厕训练上的时间和精力都是暂时的,而且当训练结束时,这种需求将会显著减少。

- 认识到如厕训练会对个人的独立性和社会接纳度产生长期的影响。

- 认识到如厕训练会对家庭的独立、经济收入、家庭成员间的交流以及社会的接纳度产生长期的影响。
- 留出一个特定的时间段给其他家庭成员,以免他们感觉自己被忽视了。
- 运用压力管理技巧来减轻因如厕训练对时间和精力的额外需求而引发的负面效应。

对学校和学习的冲击

与在家里的情况一样,在学校开展如厕训练对护理者的体力和情绪要求都很高。当选用的如厕训练方法不起作用时,或者当学生的行为发生退化时,老师会体验到压力和挫折,进而可能会影响他们对自身教学能力的信心。学生也许能在家里成功地使用厕所,但在学校却不能,反之亦然。有些老师会认为如厕训练是家庭的责任,不应该放到学校里。这些情况可能会引发学校与家庭之间的相互不满或其他负面情绪。

第1章　如厕训练的重要性

案 例

汤米是一个5岁的男孩。他没有接受过如厕训练。他喜欢读书,看电视、电影以及去当地的快餐店和折扣店。汤米4岁时,乔丹太太曾试着训练他上厕所,但是他根本不让她把自己放在厕所里。考虑到可能会因如厕问题与汤米发生"恶战",乔丹太太断定给汤米穿尿布会让事情更容易些。汤米在学校通常会穿训练裤,且能一直保持训练裤是干的。乔丹太太认为既然汤米已经能够在学校顺利地使用厕所了,那么他总有一天会在家里使用厕所。在一次家长会上,汤米的老师向乔丹太太说明了训练他在家里使用厕所的重要性。她告诉乔丹太太,汤米已经长大了,继续穿着尿布可能会影响他的社会接纳度,妨碍他融入社区活动。在老师的帮助下,乔丹太太学会了在家里使用与学校相同的如厕程序和图片提示。汤米对这些支持做出了回应,并且很快就学会了在家里使用厕所。在训练儿子上厕所的同时,乔丹太太也采取了一些方法来维持家庭的良好运转。因为最初的训练要求她密切关注汤米,所以乔丹太太都会在汤米上完厕所之后,给3岁的女儿留出一个额外的故事时间。她也在每天晚上安排孩子们入睡之后,给自己留出15分钟的时间来放松休息。

此外,校园环境可能并不利于教授如厕技能。因为与家里的卫生间相比,学校的盥洗室空间大、声音嘈杂、阴冷而吓人。同事、管理者和支持人员可能不会理解或赞同老师在如厕训练上的付出，这将导致老师体验到被同伴孤立、排斥的感觉。

在学校涉及如厕训练问题时，请注意：

- 家长和教育工作者必须组成一个工作团队，并把学生每天在任何地方都能控制大小便作为他们团队的共同目标。

- 家长和教育工作者必须互相分享在他们各自的环境和经历中，有哪些具体的发现和方法是起作用的。

- 家长和教育工作者必须通过沟通和互相提供如厕训练所需的各种材料和设备（如尿布、替代衣物、马桶座等）等方式来支持彼此的工作。

- 家长和教育工作者必须及时沟通可能会影响如厕行为的各类信息（例如，吃了哪些食物或使用了哪些药物），以支持彼此的工作。

- 管理者必须支持老师对学生进行如厕训练，并及时了解和解决校园里目前存在的、妨碍训练正常开展的设施设备问题或其他资金需求。

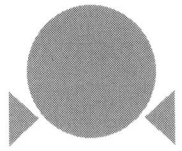 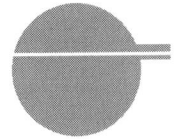

警  告

! 避免在如厕训练方法没产生预期效果时指责家长或老师，也不要因此对他们发火。这时最重要的是团结一心，寻找其他的干预方法。

! 当家长或老师被日常需求折腾得筋疲力尽，忘记送尿布、衣服、其他材料或忘记交流时，请不要生气。经常为这种情况准备一份替代计划，避免小事故演变成严重的困难或阻碍。

! 当家长和老师提供的信息没有带来进步时，请不要放弃。这表明寻求外界援助的时候到了。有很多可以提供援助的资源，包括书籍、期刊论文、互联网信息、互助小组、其他家长或老师、特殊教育支持服务以及民办机构的专家。但在正式实施之前，请认真评估所有干预方法，包括其中既适合你个人情况又适合你学生的那部分内容。

对社会关系的冲击

孤独症人士及其家庭的社会关系都会因糟糕的如厕技能受到限制。随着孤独症人士年龄的逐渐增长，这个问题会变得越来越严峻。家庭成员可能会远离朋友，并脱离社交圈，原因只有一个：他们会由于不得不在家里花费过多的时间，或者由于有大小便失禁的家人的令人不快的卫生状况，而避免与外界的交流互

动。一个人的社交技能再高，假如他的卫生技能（hygiene skills）让人反感，那么他也会持续遭遇大量的消极社交体验。因此，教授基本的、社会认可的如厕技能和卫生技能是构成社交技能训练所必需的一部分，而且随着时间一年一年地流逝，它的重要性会变得越来越明显。缺乏独立如厕的技能会严重阻碍孤独症人士融入学校和社区活动。如果缺少针对如厕需求的充分准备或规划，当周围环境的社会化程度提高时，无论你多么期望孤独症人士能从中获得他人的接纳并与他人进行沟通，实际上，身处其中的他们都只会更容易遭受嘲笑、排斥或骚扰。

第 2 章

| 确定个体的准备状况 |

确定个体什么时候能做好开始如厕训练的准备也是一种挑战,尤其是在这个孩子只有 2~5 岁、大小便失禁的社会影响力还非常小的时候。以实际出生日期为基础的实足年龄通常是衡量一个孩子是否已经做好如厕训练准备的重要因素。如厕训练一般在孩子满 18 个月之后才开始。可是,一旦孩子已经超过 4 岁,就应该把如厕训练当作优先考虑的学习项目。正如第 5 章将要描述的,大多数儿童必须在 5~6 岁之前学会控制大小便或接受"习惯培养"(habit training)。

实足年龄 vs. 心理年龄

有些孩子的行为表现看上去好像只有 4 岁,甚至更小,但其实他们的实足年龄已经超过 4 岁。面对这些孩子时,有些看护人会犹豫是否需要开始对他们进行如厕训练。在确定训练是否适合孩子时,应该把心理年龄作为一个重要的考虑因素。与孩子的实足年龄相反,心理年龄是通过检查他的行为表现水平来确定的。有些孤独症人士的心理年龄与他们的实足年龄不一致。如果他的心理年龄低于 2 岁,可能就不适合参加如厕训练。

意识水平

不管怎样,在确定个体是否已经准备就绪时,必须考虑哪些因素会影响成功上厕所的全套行为。就排泄问题而言,应该考虑的一个重要因素是他们已有的意识水平。孤独症人士的直接意识或直接兴趣并不总是那么明显，认识到这一点是很重要的。当接触特殊的活动、地点或物体时，行为的细微（或重大）变化可能会间接地展现个体的意识状况。

就排泄问题而言，在确定个体的意识水平时需要完成下列提问：

- 当尿布或衣服被弄湿或变脏时，个体的行为是否会有异样？或者是否会注意到这一点？

- 他对与盥洗室、厕所、洗手、穿衣、脱衣有关的行为或其他相关任务有兴趣吗？或者他的这些行为有变化吗？

- 当看到其他人在上厕所或者摆弄与如厕有关的物品时，他是否表现出有兴趣？或者行为上是否有变化？

上述三个问题，只要任意一项的答案是"是"，这就意味着个体的意识水平已经适合开始如厕训练了。

生 理 因 素

有很多生理因素会影响如厕训练的准备状态。与意识紧密相关的生理问题是个体是否每次都能够保持衣物干燥整洁1~2个小时。另一个相似的衡量标准是个体是否能在白天午睡时不尿床。有时候,我们需要把这些现象看作个体的身体有能力为了控制大小便而暂时存储身体废物的标志。身体已经做好排便训练准备的另一个指标是有规律地大便,并且在睡觉期间不会弄脏床。

! 当个体表现出已经准备就绪的其他迹象,但是在1~2个小时之内(或午睡期间)不能控制自己的大小便时,请不要延迟如厕训练。面对那些由于持续摄入食物或饮料而每小时会排泄好几次的孩子,请考虑对他们进行严格按时间表摄取食物和饮料的训练。遇上那些在排泄时总是不尿完或不拉完的孩子,请在如厕训练中加入相应的技能练习,帮助他们在上厕所时完全排空自己的膀胱或结肠(具体内容详见第6章)。

其他准备就绪的标志

如厕训练的必要技能还包括:

- 身体能够坐起来,并且可以维持基本垂直的状态。

- 具备在如厕时脱衣服的基本协调能力，以便能在排便前直接将焦虑最小化。
- 没有禁止参加如厕训练计划的医疗限制。

案　例

莎拉已经 4 岁了，她喜欢小口小口地喝果汁或水，而且几乎可以这样持续一整天。妈妈不得不频繁地替她换尿布，有时每个小时要换两次以上。医生认为莎拉没有任何生理问题。于是，妈妈开始调整她对液体的摄入量和摄入方式——平均每两个小时提供一杯果汁或水给她，接着在十分钟之后收起杯子。莎拉很快就开始按预计的时间表排便了，而且启动了一个成功的如厕训练计划。

第3章

| 建立一套如厕常规 |

第 3 章 建立一套如厕常规

许多孤独症人士格外偏爱常规和仪式。以他们对可预测性的强烈渴望为基础，我们便能找到通往成功如厕训练最有效的策略。在开展教学时，请注意要把使用厕所当作一套完整的常规，它包含必须完成的准备工作和各种活动，而不是简单地教个体完成坐在马桶上的任务。要把如厕训练当作一整套常规来处理，逐步培养一系列按顺序排列的行为，而不是只关注简单的膀胱和肠道控制。

制订如厕时间表

请把以下内容看作完整如厕常规的一部分：

- 在如厕训练时，用一张视觉时间表标明饮食时间，以增进排便的规律性。
- 确定一些适合如厕的时间，并在视觉时间表里注明这些时间。
- 检查时间表，进入盥洗室，脱裤子，坐在马桶上，擦屁股，冲厕所，提裤子，洗手并擦干手，然后返回检查下一项预定活动。

培养并坚持按时上厕所的习惯，能显著提高训练的有效性。为了制订出一份时间表，必须仔细观察个体现在的排便习惯。为了确保准确性和更有效的规划，请记录观察到的信息，例如在一张表格中记下个体在一天当中的什么时间排泄或大便。无法预测或不规律的排便习惯意味着更加需要记录这些信息，以便能制订出一份能够被持续坚持的、合理的时间表。从只针对清醒状态的如厕时间表开始。只有当个体日间如厕的独立性达到一个合理的水平之后，才可以开始考虑夜间训练。

应该用一份日间记录表格（详见附录样表）来记录大小便的具体时间和日期。为了监控个体的行为表现和进步，也可以在训练期间或训练结束之后使用这份表。

经过两周的观察记录，个体排便的时间模式应该很明显了。这时可以进入教学流程，第一步通常是比表格标明的时间提前5~15分钟带他去盥洗室。如果个体需要更多的时间来放松和把注意力集中在任务上，那么如厕时间必须比平常排便的时间提早几分钟。如果他的排便反应相对较快，那么可以缩短这个间隔时间。

有些家庭和老师无法将如厕时间表融入他们自己的日常生活（或工作）中去。然而，只有当大家都能坚持遵守上面的时间安排时，一个定义明确的时间表才能发挥真正的效力。一些组织能力不够强的看护人可能会认为自己更容易遵守自然的日程安排。但是一份自然的日程安排并不简单，它由一系列自然发生的事件（如进餐、特定的活动及休息或睡眠）共同组成。

第3章 建立一套如厕常规

案 例

罗比的家庭非常热闹,而且他们并没有按照某个严格的时间表进餐或活动。他们试图按照时间点来让罗比如厕,但是经常发生如厕时间正好卡在一个活动的中间的情况。这打乱了每个人的计划,所以罗比使用厕所的时间被调整到了醒来时、进餐之后、坐车之前以及活动的前后。

警 告

! 如果您已经非常了解孩子在一天当中大小便的具体时间点,那么请避免使用复杂的数据收集表格。只有当您不确定那些时间点,或者当那些时间点每天都会发生显著变化时,才需要使用这种制图系统。

将如厕时间列入时间表有两个目的。其一,使用一份预先设计好的活动日程能够确保孩子会在最可能排便的时间进入厕所。这将提高训练计划成功的可能性。其二,日程安排可以以学习者对常规的强烈偏好为基础,并能强化这些新行为的可预测性。当孩子可以预测这些活动的时候,反抗就会减少。为了对训练产生积极的影响,相关人员必须就预定的活动进行有效的沟通。

沟通体系（Communication Structure）

每一个孤独症人士都有其独特的需求和技能水平。在完善与孤独症人士交流如厕常规内容的沟通渠道时，必须考虑到这一点。用视觉提示来补充每一个言语提示，即把视觉优势和具象思维作为理解和合作的基础之一。如果个体能运用图片或物体进行有效沟通，那么请把这些内容纳入时间表和常规。

开启一项如厕训练计划就意味着要搅乱舒适的每日常规，有时甚至会带来更多的挑战。运用一张以视觉信息为基础的时间表可以缓解由这些改变所引发的焦虑，并防止相关的问题行为阻碍目标的达成。

当大卫 5 岁时，他的父母认识到必须对他开展如厕训练了。但是，大卫很难容忍常规中的任何变化。一点点改变都会令他格外混乱，因此父母很害怕尝试开始。大卫的老师在学校里使用了一套以图片为基础的沟通系统。在老师的帮助下，大卫的父母制作了一张简单的时间表，上面概括了一天的基本活动，当然也包括"便盆"时间。他们也使用了一张张连续的图片来展示在盥洗室里有待完成的任务序列。在使用这些图片时，大卫能顺利地接受这些改变，可是一旦没有图片做参考，他就会抵制上厕所。

第 3 章　建立一套如厕常规

与其把上厕所看作一个孤立的事件，不如把它当作一连串囊括了排便前后所有反应的行为链。请使用标明了行为序列的视觉提示（如连环图片）作为整个如厕过程的一部分。

把使用厕所当作一个由一系列相关行为按顺序组合而成的整体活动，它有待学习者去完成。具体包括以下环节：

- 按视觉时间表的安排去吃东西、喝水以及使用厕所。

- 在适当的时候进入盥洗室并关上门。

- 脱裤子（只在必须使用厕所时）。

- 坐在马桶上，放松，直到拉完为止。

- 拿卫生纸，擦屁股，然后正确地把卫生纸扔进垃圾桶。

- 起身离开马桶，冲一次水，盖上马桶盖，然后穿好衣裤。

- 洗手并擦干水，把纸巾正确地扔进垃圾桶，这表明自己已经上完厕所了，然后走出盥洗室。

- 回到活动室检查时间表上的下一项活动是什么，然后开始着手那项活动。

摄 取 液 体

常规和时间表提高了个体的配合度，并且最大限度地激发了训练的积极结果。同时还有另一种方法可以帮助个体非常成功地做到每日定时小便，即在训练期间注意监控个体对液体的摄取情况。请注意了解个体全天候摄入的果汁、水、汽水以及其他液体的总量。同时也要留意当他喝完液体后,何时会小便。然后,请充分利用这些信息,即比预定的如厕时间提前10~15分钟,给他额外补充一些液体。请注意调整液体摄入的次数和总量,以便学习者最有可能在预定的如厕时间排到马桶里。

! 在干预小便行为时,只能通过增加液体的饮用量,或者通过改变获取液体的次数来控制液体的摄入情况。请忍住诱惑,避免通过剥夺液体来减少个体的小便次数。有规律地饮用液体,尤其是水,是健康的必要保障。

! 即使是为了增加个体在马桶上小便的机会,也请避免让他饮用过多的液体(每天超过了 1.5~2 升)。否则,这会产生一个人为的行为序列,它不但会变成个体习得常规的一部分,而且可能会对健康有害。

脱衣裤和穿衣裤

必须把穿脱衣裤作为如厕常规的必要组成部分。在设计有助于个体理解脱衣裤的适当提示时,请确保已经向他解释清楚只需要脱掉便于如厕的必要衣裤。在解释时如果不讲清具体的期望行为,可能会导致个体在听到"脱衣裤"时脱掉所有的衣服。在出示相关的图片提示时,可以辅之"脱下裤子"这一表述,这样能让提示更为简明。

当一切都恢复到原始状态之后,如厕就结束了。这包括相关的穿衣裤行为。与脱衣裤一样,请提供清晰明确的提示,如在出示相关图片时说"穿上裤子"。可以通过逆向串链(backward chaining)来支持个体独立地穿脱衣裤。逆向串链指的是把一项技能分解成一系列可以按顺序进行教学的较小步骤,并且首先从序列的最后一步开始训练。

案  例

当乔希上完厕所时,妈妈会帮他把裤子提到距离腰3厘米远的地方。然后乔希会自己提好裤子。下一次,当裤子距离腰6厘米远时,妈妈就会停止辅助,接着由乔希完成最后的动作。乔希每一次自己完成提裤子的行为都会得到成就感的强化。

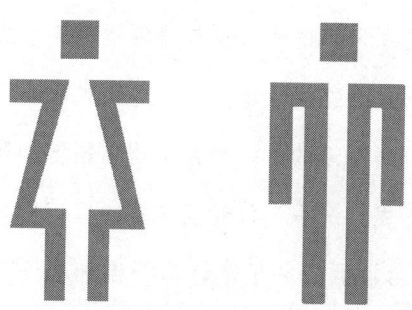

冲 厕 所

对孤独症人士来说,冲厕所要么是一项令人兴奋的有趣活动,要么是一种令人心生恐惧的经历。嘈杂的声音和旋转的水流给他们的感官带来了过度的刺激。对于那些喜欢这种感觉输入形式的个体而言,冲厕所可以变成一个合乎逻辑的自然强化物来促进他们掌握如厕技能。然而对于其他人来说,冲厕所是如此痛苦,以至于它可能会降低他们对如厕训练的配合度。

警告

! 为了阻止孩子在上厕所之前冲水,可以使用图片提示来说明应该在什么时候冲厕所。如果没有事先通过沟通来清晰地说明什么时候可以冲厕所,那么孩子极有可能会用不恰当行为来实现这一点。

! 那些对冲厕所茫然、不知所措或者被它击垮的孩子需要脱敏治疗,以习惯嘈杂声和旋转的水流。可以把正强化物或令人舒适的感觉与冲厕所的声音或冲厕所时看到的景象匹配在一起,从而达到脱敏的目的。

! 处理冲厕所恐惧的另一种方法还包括把如厕常规最后的程序变成:洗手,打开盥洗室的大门作为"逃生出口",然后冲厕所并迅速地离开盥洗室(但请注意不要跑)。

第 3 章　建立一套如厕常规

珍娜正在接受一个如厕时间表上的安排。她似乎已经理解了在厕所排便的概念，并且能在家里成功地使用马桶。然而，她很少在学校的厕所里小便，并且总是在乘车回家的路上尿湿自己的裤子。妈妈请珍娜的老师安排了一次家长会谈，共同讨论可以用哪些适当的办法改变当前的局面。他们在面谈时分享了珍娜摄入液体的时刻表和如厕常规。

妈妈发现，珍娜在校期间只喝两次水：午餐和下午晚些时候的点心时间。当一天的课程结束时，会有人带她去一趟厕所，但是她在放学步行至校车的过程中，总会在饮水机前停留很长一段时间。于是，他们决定把喝水时间列入珍娜的学校时间表，具体时间安排在如厕时间的前 15 分钟左右。在去校车的路上，老师也开始用计数游戏来限制珍娜的饮水量。她可以喝 3 口水，然后再上车。虽然他们限制了珍娜每次对水的摄入量，但实际上他们已经增加了她每天喝水的总量。除此之外，在他们的面谈中，妈妈和珍娜的老师达成了一致，确定双方使用的是同一套图片提示和如厕常规。珍娜对这些改变的适应非常顺利。很快她就能有规律地在学校的马桶里排便，并且在坐校车回家的路上也不再尿湿裤子了。珍娜的如厕训练计划非常成功，因为她的妈妈和老师一起分析了问题所在，并共同找到了解决的办法。

案 例

蒂龙每次冲厕所时都会惊慌失措。他会捂住耳朵，大声地尖叫。一旦预想到会出现冲水声，他就会变得格外焦虑。这种情况已经开始影响他的如厕行为。蒂龙的爸爸把一张"冲水"的图片放入了他的如厕图片提示系统。蒂龙马上就知道了冲厕所会发生在什么时候。这在很大程度上减少了他的焦虑，但并不能让他不再害怕冲水的声音。因此，他的爸爸录制了一盘冲厕所声音的磁带。然后，从最低音量开始，他陪着蒂龙练习听录音带。在整个听的过程中，他一直是蒂龙的坚实后盾，还教会了蒂龙控制录音机发出冲水声的音量。经过听录音带的尝试，蒂龙逐渐学会了容忍正常响度的冲水声。而且，当他能够对这种声音施以些许的控制时，他便能更加轻松地克服内心的恐惧了。

洗　手

如厕常规的另一个步骤是洗手。如果个体已经学会了使用马桶，那么下一步就是教他在用完马桶之后洗手。为了让个体习得被社会认可的洗手行为，其教学过程必须明确地说明每一个步骤。个体首先有必要体验一下洗手的完整过程，才能了解洗手是一种什么感觉。

在教个体洗手时，必须涵盖以下三项内容：

- 出示一组按顺序排好的图片或其他适合的线索来说明有待完成的每一个步骤。
- 使用清晰明确的指令，如"挤一滴洗手液"。
- 提供必要的物品，包括香皂、水和毛巾，并方便对方拿取。

警告

! 在纠正错误时,避免只是简单地让个体把不恰当的步骤改过来。

! 相反地,纠正错误应该先让个体重复错误步骤之前的那一个正确步骤。

! 接着再纠正做错的那一步。

案例

乔斯的妈妈把洗手列入了他的如厕常规。她准备了一串连环图片,过塑装好,并把它们张贴在乔斯视线范围内的水池旁。这些图片被用来提醒乔斯注意:打开水龙头、淋湿双手、挤一滴洗手液在手上、双手互相揉搓、冲洗、关好水龙头、擦干手,然后把毛巾挂回原处。为了让乔斯对洗手有一个完整的体验,妈妈第一次教乔斯洗手时,首先向他展示连环图片上的步骤,然后站在乔斯的背后,用自己的手握住他的手,帮助他按顺序完成整个洗手步骤。通过这种方式,乔斯感受到了洗手究竟是怎么一回事。妈妈很清楚如果她在引导乔斯的过程中把打开水龙头作为一项独立的任务,然后再逐步练习每一个步骤——即把洗手的各个环节看作一个个需要单独学习的不同技能——那么,乔斯在能够独立洗手之前,很有可能将需要更多的帮助和协助。有一天,乔

斯淋湿了双手，却忘了挤洗手液。妈妈先出示了"淋湿双手"的图片，然后再出示"挤洗手液"的图片。接着，她让他重复淋湿手的行为——这是错误步骤之前的那一个正确步骤；随后她引导他挤一点洗手液在手上，再继续后面的动作。妈妈知道如果只是简单地纠正错误，乔斯不会想到要把这个动作加入自己的洗手序列中，并且极有可能会在未来犯同样的错误。

第4章

| 准备如厕所需的衣物 |

第4章 准备如厕所需的衣物

在进行如厕训练的过程中，可能需要你在提供衣物和其他有助于提升个体独立性的物品时，对自己的常规选择做一些修改。实际上，这些改变通常只是暂时性的。任何时候，只要涉及与如厕相关的衣物或其他物品的选择，就必须回答一个关键问题——"这能帮助我的孩子在上厕所和生活自理方面变得更加独立吗？"千万不要仅仅因为某些衣物很漂亮，或者因为它们能让你更加容易地看管孩子而选择那些会阻碍孩子独立的衣物。当孩子开始学习时，教授独立水平更高的生活自理技能经常会涉及临时增加看管工作的难度。一旦孩子习得某项技能，那么关于那项特殊技能的看管需求也会显著降低。

尿布还是内裤

当如厕训练开始时，我们需要做出很多重要的决定，其中包括是要使用尿布，还是要使用内裤。由于个体可能会持续不断地在裤子里大小便，这给我们带来了极大的困扰。大部分内裤都无法"兜住"大量的排泄物，这就导致必须花费大量的时间来帮孩子冲洗干净，并且还要换洗衣物、清洁家居。可是，在训练过程中，当"意外"发生时，学习者必须能够感受到衣物的湿润。尿布的设计就是帮助个体远离潮湿，它会阻止他感觉到湿润。在重要部位特别加厚的内裤或训练裤必须贴身穿。尿布或者塑料保护器可以穿在内裤的外面，但是不应该单独穿或者紧贴皮肤。

 警告

！在训练期间，不论何时，只要学习者的衣物被尿湿或被弄脏，就必须更换。频繁地体验到湿润或被弄脏的衣物紧贴着皮肤的感觉，时间一长，便会钝化个体的感觉，使他感受不到那种感觉所带来的不适感。这会干扰训练工作的开展。

外　　套

必须精心挑选训练期间穿着的外套，充分考虑它们是否有助于个体独立穿脱。一套衣服无论它们有多么漂亮、吸引人，假如它们不便于脱掉或穿上，都应避免选购。将来一旦个体的自理能力得到改善，并且如厕训练不再令人担忧，您会有足够多的机会为他挑选漂亮的服饰。

在如厕训练期间，通常应考虑选择如下款式的服装：

- 可以套穿的松紧带裤子或短裤。

- 宽松舒适但又不会松松垮垮的裤子。

- 裙褶宽松的裙子。

- 裙子或外衣的下摆及膝或者更短。

- 运动裤。

- 宽松舒适的针织裤。

第4章 准备如厕所需的衣物

- 衣服由柔软的材料制成,不笨重。
- 衬衫的长度刚好盖住臀部或者更短。

案 例

  杰弗里总是穿得很时髦。他经常在休闲场合穿着好看的牛仔裤,而在重要的场合穿上西裤。其他人时常称赞杰弗里的妈妈很会打扮自己的儿子。近期,杰弗里正在学习使用便盆。妈妈为他穿上了训练裤,而且一旦发生"意外",妈妈就会替他换好衣服。杰弗里对图片时间表(picture schedules)的反应特别好,他似乎也理解了在厕所排便的概念。他甚至会在需要的时候主动去上厕所,而不会固执地等到预定时间。然而,在解开、系紧裤子方面,杰弗里一直都需要完全辅助。他在穿脱牛仔裤时遇到了很多问题。有时他会主动进入盥洗间,却无法解开自己的裤子。因为无法使用马桶,他最终只能呆呆地站在盥洗室里,直到尿湿(或弄脏)自己的裤子。于是,妈妈开始给他穿松紧牛仔裤和松紧休闲裤。她意识到杰弗里能够独立地使用厕所远比穿着时髦的服饰更为重要。很快,她就发现即使是穿着易于穿脱的衣服,杰弗里看上去也很漂亮。看着杰弗里慢慢地学会了独立上厕所,妈妈认识到她做出了一个明智的选择,而这个选择将帮助她的儿子获得一个更加成功的未来。

其他必需的物品或设备

对任何如厕训练方案而言，要想产生预期的效果——既能增进个体的独立性，又能帮助他成功地掌握完整的如厕常规——其关键就在于布置或改进环境。必须关注如厕常规中涉及的每一个环境因素，包括马桶、水池、固定设备、卫生纸、香皂、毛巾以及其他相关物品。这些物品都触手可及吗？有哪些措施可以帮助个体获取适量的卫生纸、香皂或毛巾？需要做出哪些调整来预防在水池中使用热水所带来的安全隐患？

为了增加安全性，同时提高个体独立上厕所的能力，可能需要对其他物品、设备以及其他可能需要的调整做出改进，包括：

- 在内裤外面穿上塑料保护器。
- 能固定在马桶上并能支持个体坐稳的马桶座，或独立的坐便椅。
- 能让个体安全地接近水池或马桶的踩踏工具。
- 易于管理的香皂和擦手毛巾。
- 便于按量获取的卫生纸。
- 调整门、照明开关和热水源，以提高个体的独立性，但同时需要注意使用安全。

第 4 章　准备如厕所需的衣物

案  例

　　加文已经能够独立使用盥洗室了。他是借助图片时间表学会这一点的。他每次都能完成整个如厕程序（包括洗手），而且不需要任何人的帮助。当他忘记下一步该做什么的时候，他会去查找图片提示，它们会告诉他接下来该做哪一步。有时，他会在洗手的时候打开热水。当他试着冲洗时，水温可能会偏高。加文的爸爸不想剥夺加文的任何独立选择，因此他采用图片提示和调整安全设施的方式来表达自己的关心。首先，他把一张表示"热"的图片和一张用大红字体书写的"热"字放在热水龙头旁。为了以防万一，他也重新设置了热水器的温度调节器，把加热温度从 54℃ 降到 38℃，如此一来，即便加文意外打开热水龙头，也不会被烫伤。加文很快便能做到只打开冷水龙头。后来，加文的爸爸把图片提

示的尺寸改小了，接近于热水龙头上的缩写字母"H"的尺寸。最后，加文学会了在打开水龙头之前，先看一看水龙头上的字母，从此便不再需要图片提示了。

与服装和其他物品相关的感觉问题

在考虑对设备或其他物品进行必要的调整时，也必须仔细分析与服装和其他如厕训练用品相关的感觉问题。衣服的质地是否舒适？大小是否合身？对那个孩子来说，松紧带和其他包边部位产生的支撑或压力是不是让他感觉舒适？有些人对标签、线缝或衣服上的镶边高度敏感，接触衣服上的这些部位会让他们产生某种无法忍受的感觉。

马桶或坐便椅上的座圈是否牢固？当个体坐在马桶上的时候、当个体洗手的时候，他是否感觉舒适、安心？座圈的质地、硬度和尺寸大小是不是他可以接受的？假如学习者感觉座圈不牢固，或者座圈带来的感觉令他难受，那么焦虑的情绪必然会导致干扰正常排便的生理变化。

个体认为香皂或毛巾的质地可以忍受吗？无法忍受固体香皂或液体香皂的质地会对洗手构成障碍。有些人会对各种香皂的香味有反应。假如这种反应演变成一种问题，就需要尝试不同质地的香皂。在做出选择时，仍需要考虑其他的感官影响，如香味或不同布料（纸张）的手感。简而言之，必须为个体提供他可以接受的香皂、毛巾以及其他材料。

第 4 章 准备如厕所需的衣物

案　例

布朗太太在训练女儿大小便时遇到了很多问题。迈卡不肯坐在马桶的座圈上。实际上,她好像被"坐在马桶上"这件事吓坏了。任何时候,只要她被抱到马桶上,她就会把身体绷得僵硬,尖叫,并且会想尽各种办法赖在布朗太太身上。当然,这样做会导致她失去平衡,近乎跌倒,而这又加剧了她的恐惧。布朗太太在马桶的下方放了一个木箱。她鼓励迈卡把这个木箱当作上马桶的踏脚凳,并在头几次辅助迈卡去使用踏脚凳。布朗太太还向迈卡演示了坐在马桶上时如何把脚稳稳地踩在木箱上。为了把木箱做成迈卡的搁脚凳,布朗太太特别小心地挑选了木箱的高度,保证迈卡坐在马桶上时髋部与大腿正好弯成 90°,能提供最大的支持力度。当这些准备就绪之后,迈卡感觉坐在马桶上能得到更多的依靠，安全多了。很快，迈卡就不再抗拒大小便训练。她停止了尖叫和害怕。过了一小段时间，她还是会赖在布朗太太身上寻求安全感，但最终这一行为也停止了。布朗太太解决这些担忧的方法很简单：首先仔细分析引发问题的各种因素，然后对环境进行简单的调整。

男孩：站着 vs. 坐着

在为男孩准备如厕训练的环境时必须考虑的最后一个因素是：决定教他们是站着小便还是坐着小便。表面看来，这似乎并不是一个重要的问题。然而，它会引发与如厕相关的种种麻烦。慎重周密地计划即将被教授的确切行为——包括所有即将做出的选择，如在小便时是坐着还是站着——能够预防问题行为的意外出现。

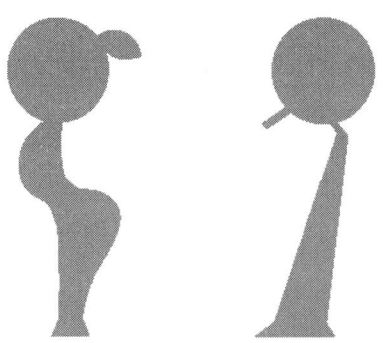

第 4 章　准备如厕所需的衣物

在做出是教男孩站着还是坐着小便的选择时，必须考虑以下问题：

- 这个男孩能分清自己需要小便与需要大便时的状况吗？
- 他会观察当时所处的场合，并做出适合那一特定场合的选择吗？
- 有一位男性榜样可供这个男孩观察和模仿吗？
- 他具备必需的协调能力、专注力和控制力吗？

如果您对上述任一问题的回答是肯定的，那么接下来学习站着或坐着小便可以自由选择。否则，请集中精力从坐在马桶上开始。

案  例

在接受如厕训练时，雅各布试图模仿爸爸站着小便。他很容易被自己看见的任何东西分散注意力，尤其是当他看到的东西在移动时。他极度分散的注意力在盥洗室里引发了一些大骚乱。雅各布一开始可能是站着小便，可一旦受到干扰，他就会转向干扰物，然后尿在各种地方（马桶除外）。一个看似合乎逻辑的结果就是雅各布被要求收拾残局，但是爸爸知道雅各布无法通过惩罚来学会该如何控制这种局面。他只能学会在如厕之后打扫盥洗室。爸爸也意识到雅各布在非常积极地模仿自己的行为，而坐着小便可能会让他感觉不舒服。于是，

爸爸面临两种选择：要么必须开始塑造"坐在马桶上"的行为，要么找到一种方法教雅各布学会集中注意力，瞄准抽水马桶。爸爸也知道只要用雅各布特别喜欢的东西来强化新技能的学习，他就能学得很快。最后，爸爸决定充分利用雅各布的注意力特点及其对模仿的强烈愿望。他在马桶里放了一块圆形的早餐麦片，并把它变成了小便程序的一部分。然后通过行为塑造的方法，他教会了雅各布瞄准漂浮的麦片。雅各布最终能够将注意力集中在麦片上，直到小便结束也不会制造更多的麻烦。

第 5 章

| 习惯培养 |

还有一种有效的如厕训练方法被称为"习惯培养"。习惯培养的目标是通过按部就班地使用厕所设施来发展个人控制膀胱和肠道的能力。由此,在厕所里排便就能变成一种后天形成的习惯,它可以按照同一种方式,经由一遍又一遍的反复练习来获得。这与其他形式的如厕训练的目标不同。通常情况下,当个人能够意识到自己的排便需求时,训练的目标就是教他们学会独立地使用厕所设施。当有人并不适应通用的如厕训练方法时,习惯培养就变成了一种能被社会接受的方式,可以帮助他们获得尊严和改善个人卫生。

什么时候适合进行习惯培养?

如果存在下列情况,习惯培养也许会是一个值得考虑的适当选择:

- 孩子无法觉察自身的大小便需求。
- 孩子的年龄已经超过 6 岁,并且其他训练方法均不奏效。
- 孩子的心理年龄低于 3 岁。
- 当尿布或衣服被弄湿或被弄脏时,孩子没有任何意识或行为上的变化。

确定一个合理的时间表

一个成功的习惯培养计划最关键的环节就是开发一个适当的

时间表,并持之以恒地将其贯彻到底。在进行习惯培养时,精准地确定学习者通常会在什么时候大小便,将会在很大程度上对促成整个计划的成功造成非常大的影响。请参考第 3 章讨论过的步骤来制订合理的如厕时间表。

! 在为"方便时间"的日程安排确定具体的时间段时,请避免选择那些只是更加方便操作的时间。否则,这会妨碍计划的成功。取而代之的应该是选择比个体平时排便时间提早 5~15 分钟的时间,这能为成功创造更大的机会。

! 在习惯培养的过程中,让个体有规律地运动并按时吃饭喝水,同时注意监控他们摄入的食物和饮品的类型,这些都是成功必不可少的要素。缺乏运动,较差的饮食习惯,摄入的液体不够,以及对食物的种类和数量的生理反应,都会直接影响对排便的时间把控。因此,预测排便的具体时间是成功培养如厕习惯的重要环节。

建立一套常规

建立并遵循一套常规是习惯培养的重要组成部分。任何时候,只要个体被带进厕所,请确保遵循整个如厕常规,包括视觉提示、脱衣裤和穿衣裤。关于建立及遵循一套如厕常规的具体细节详见第 3 章。

第 5 章 习惯培养

警告

! 当时间表显示已经到了如厕时间时,避免询问个体是否需要上厕所。只需要简单地提示他到上厕所的时间了。这个时候不应该选择让个体表明他不需要排便。时间表上"便盆"的提示就预示着需要开始如厕常规了。

! 如果个体在两个预定的如厕时间之间尿湿(或弄脏)了衣服,请冷静地帮他们清洁干净,尽量不产生任何社会互动。不要表现得很激动,也不要表现出不友善或心烦意乱。不要责骂、训斥或抱怨。只需要简单地帮个体以一种有尊严的方式清洁干净,并继续下一项预定的活动——根据时间表的安排继续带他去盥洗室,按照平时的常规进行,完全不用提及先前的"意外"。

案　例

凯利的家人和老师已经尝试了好几次对她进行如厕训练，但都以失败告终。当自己的衣服被尿湿或者被弄脏时，凯利似乎没有注意到（或者是没有觉察到）任何的不舒服。然而，凯利已经8岁了，这种状况已经明显影响到她的社会交往。其他孩子不是躲着她，就是把她当成小宝宝或新奇事物来对待，尤其是当她的尿布湿了或者散发出难闻的气味时。后来凯利的老师知道了"习惯培养"，并把它介绍给了凯利的家人。他们已经能够预测凯利会尿湿或弄脏尿布的时间点，因此他们只是把凯利的方便时间安排在了这些时间点的前10分钟左右。他们制作了一张图片时间表并把它贴在墙上，利用它来提醒自己和凯利什么时候是方便时间。当然，前提是凯利已经能够运用图片时间表来引导自己参与日常生活中的其他活动。接下来的几周内，凯利便极少拉在衣服上了。她好像从来都没有学会注意自己是在什么时候大小便的。但是，当她停止使用尿布时，其他孩子都注意到了这一点。在他们眼中，凯利不再像个小宝宝或是什么新奇事物了。自从凯利不再那么令人讨厌之后，他们也不再躲着她了。

为自发地如厕做好准备

习惯培养的结果就是帮助个体做好自发上厕所的学习准备。经由始终如一的习惯培养,孩子会停止定时在衣服里大小便的行为,这可以提高一些孩子对尿湿的衣服或沾满大便的脏衣服的感觉。对一些孩子而言,这甚至可以帮助他们建立起定时大小便的习惯。在这种情况下,能控制大小便是通过训练个体对时间表上的某个如厕时间形成条件反射来实现的,它并不注重培养个体对大小便生理信号的自觉意识。理论上,任何形式的如厕训练的终极目标都是个体能控制大小便,能自发地利用如厕设施,并且能独立地完成整个如厕常规。对一些孩子来说,习惯培养能帮助他们建立实现这些目标的根基。但对另外一些孩子而言,习惯培养可能只是为他们的生活增添了尊严、独立性和良好的个人卫生习惯,这样能帮助他们排除一些障碍,进而体验到积极的社会互动和自给自足的幸福。

案　例

达斯汀,11岁,以前从未接受过如厕训练。他的父母以前曾经尝试过训练他,但几次未果,只能重新让他使用尿布。甚至当他的衣服被尿湿或者被大便弄脏时,他都仿佛从未注意过,也从未因此感到过不舒服。他的父母非常受挫,也被折腾得疲惫不堪。随着达斯汀年龄的增加和体格的增大,他衣服里的排泄物也变得越来越多，越来越难清理。达斯汀在学校里修好几门五年级课程。其他孩子都能注意到他什么时候拉在衣服里了。甚至有些孩子会取笑他。即使是在清理干净之后，达斯汀身上仍然会散发出因这些意外而产生的令人不快的气味。他的老师和父母决定尝试习惯培养。他们首先确定了达斯汀通常大小便的时间点，并把这些时间点作为如厕时间纳入他的图片时间表。起初，他们有点沮丧。因为虽然达斯汀很少拉在衣服上了，但是他们不希望自己以后每天都得花很多时间专门带他去盥洗室。几周之后，达斯汀开始期待执行如厕常规，并且当他的时间表表明"如厕时间到了"的时候，他会独立进入盥洗室。好几个月之后的一天，虽然还没到如厕时间，但是达斯汀自己从时间表中找到了如厕的图片，并且使用了盥洗室。在他学会理解之前，达斯汀首先通过建立一项习惯获得了如厕的概念。

第6章
大小便控制教学

第 6 章 大小便控制教学

大小便控制（continence）是指一个人克制自己在衣服里排尿或拉大便的能力。对一些肢体障碍或智力障碍人士，尤其是对一些孤独症人士来说，这一点很难实现。为了实现真正的大小便控制，个体必须能主动地控制自己的膀胱和肠道运动。一些人可以控制其中的一个器官，却无法顾及另一个。于是，在设计如厕训练计划时就出现了一个问题：究竟是集中练习膀胱控制，还是肠道控制？尽管最终的目标是两个都要达成，但是人们可能会问："先从哪一项开始？"

膀 胱 控 制

通常情况下，膀胱控制会比肠道控制先一步实现。因为每一天都有好几次练习的机会，所以膀胱控制常常更容易教学。这些学习机会的频率也能够通过增加额外的饮水量来提高。但是，如果学习者缺乏相关的身体感觉意识，那么膀胱控制可能也会比较难教。

与学习膀胱控制相关的感觉包括：

- 充盈感。

- 在开始小便时主动控制的感觉。

- 膀胱排空的感觉。

- 主动控制停止小便的感觉。

- 对空膀胱的感受。

- 对湿衣服或湿床单的感受。

上述与膀胱控制相关的每一种感觉都为个体提供了有助于继续克制小便的线索。一些孩子之所以会失禁，要么是因为缺乏意识、疏忽大意、身体感觉的减弱或缺失，要么是因为没有理解这些感觉的重要性或与之相关的意义。第 5 章提到的"习惯培养"有助于满足那些无意识、心不在焉或没有理解上述各种感觉的个体的如厕训练需求。习惯培养对那些身体感觉减弱或缺失的个体也非常有效。为了帮助学习者获得成功，我们也有必要涉及其他几个相关问题。

在面对那些自我意识、注意力或身体感觉受限的学习者时，有必要把下列相关行为作为习惯培养的一部分教给他们：

- 如何用手按住下腹以施加物理压力，促进膀胱排空。
- 如何一旦坐在马桶上就开始小便。
- 如何通过数数或其他有助于集中注意力的方法，防止自己在还没尿完时，过早冲动地离开马桶的座圈。

如果个体缺乏排空膀胱所需的身体控制力，那么可以教他们用自己的手按住膀胱所在的下腹部，施加物理压力以促进排尿。有些孩子全天都只会在上厕所时排出一点点尿，他们正适合学习这门技巧。不论何时，只要这个孩子进入厕所，他就可以把这个步骤当作习惯培养日程安排中的一部分来完成。您可以向您的医生、物理治疗师或作业治疗师咨询，从他们那里获取更多的有关这一技巧的指导或训练。

另一个会干扰膀胱控制的问题是：即使在马桶上坐定了，也很难开始小便。更常见的促进排尿的方法包括打开水龙头，盯着自来水并注意听流水的哗哗声，或者往男孩的阴茎上倒一点微热或常温的水。不论采用何种操作，只要是为了达成这一目标，其核心都是减少注意力分散，并引导孩子放松。提供一个可以看得见、听得见的聚焦点有助于消除注意力分散的负面影响。自来水的作用就在于它在模仿与排尿近似声音的同时，还提供了一个聚焦点。

那些无法从常规方法中获益的个体可能在放松和减少注意力分散方面需要更多的帮助。一些高度焦虑的孩子可能很难放松到能撒出尿的状态。在这些情况下，为他们准备一些坐在马桶上也能完成的、舒适的放松活动，将会大大促进排便。这些活动因人而异，其间的差异可能会非常大。具体的解决办法可能是放音乐或看书（或杂志）。有些孩子可能需要更复杂的方法，如提供一张桌面和一些玩具。提供一张小型的桌面特别有助于预防孩子把东西扔进马桶里。它也能让孩子坐在马桶上时感受到更多的安全。

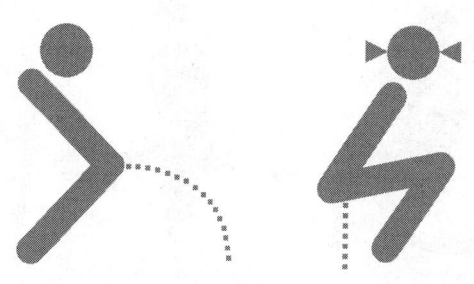

一些粗心大意或非常冲动的孩子可能会在刚拉出大部分排泄物，但还没有完全拉完之前就离开了马桶。这种行为会导致有少量的小便或粪便粘在衣服上、手上或盥洗室里。如果个体频繁地出现这种行为，那么他们身上就会因此产生一股令人不快的气味。不论是出于社会原因，还是出于卫生原因，都必须教这些孩子学会在他们认为自己已经拉完之后，特意继续停留一段时间，再离开马桶。对于那些年幼或者障碍程度更严重的孩子来说，应当要求他们非常缓慢地数到 10 或者 20，这样能推迟他们离开马桶的时间。如果他们不会数数，那么可以让他们触摸"如厕常规"系列图片提示上的每一张图片，以创造一个有效的拖延时间。其他孩子在等待 10~30 秒的过程中，可以只是简单地看看手表、秒表、计时器或时钟。

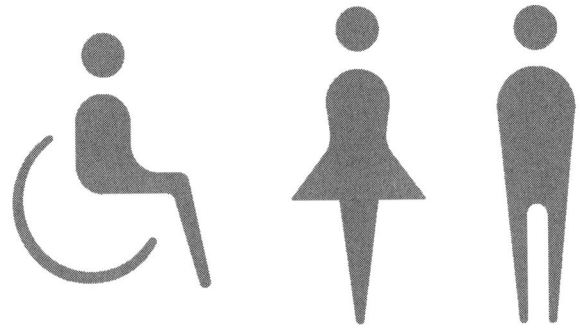

肠 道 控 制

对肠道控制的学习通常紧跟在膀胱控制的后面。不过,有些孩子会首先建立起肠道控制。在制订如厕时间表时,请确保把大便发生的时间也列为靶目标,以便能更好地开始教授这一重要行为。由于肠道控制的生理特征有别于膀胱控制,并且它涉及的感觉很特别,因此在做肠道控制训练,尤其是针对孤独症人士时,可能会激化一些与之相关的棘手问题。一些孩子对他们不了解的生理功能(尤其是排泄功能)感到害怕或困惑。一位孤独症男孩表明他回想起自己为什么会设法忍着不去大便——"因为我以为我的内脏会出来。"另一个年轻人说装满了大小便的尿布会产生一定的压力和重量,那能让他感觉到平静,而在厕所里解大便则让他感觉非常难过、沮丧——因为那种感觉几乎是与平静感截然相反的体验。

案　例

本正在接受一个习惯培养的日程安排。他很快就能非常配合地坐在马桶上,但是几秒钟之后,他会很冲动地跳起来,不断打量着盥洗室里的其他东西。本的父母已经根据他平时大小便的时间,格外谨慎地制订了一张时间表,并一直在小心地执行着。有时这张时间表非常准确,以至于本在起身离开马桶的过程中,或者在盥洗室里转来转去的时候,会尿在地上或自己身上。不仅如此,一旦本跳起来,要想让他再坐回到马桶上比登天还要难。本的父母决定只要他一坐在马桶上,就放一张小塑料桌在他面前。他们调整了桌子的高度,使桌面正好在本的大腿上面,这样本就能玩放在桌上的玩具了。他们也会播放轻柔的古典乐作背景音乐,将盥洗室的灯光调暗以增加放松的气氛,然后把本的一些玩具放在桌子上。他们挑选的玩具是本既感兴趣,又不至于使他过于兴奋的玩具。本只能在盥洗室才能接触这些玩具。这些策略帮助本待在马桶上,并能集中足够长时间的注意力,直到完成整个排便过程。当他们听到本在马桶里撒尿时,他们会大声地用非常慢的速度从 1 数到 10,然后移开桌子,鼓励本站起来,冲水,穿衣服,然后洗手。

警 告

! 在挑选出示什么样的提示和图片符号时,请特别注意许多孤独症人士对它们字面的理解和具体解释。如果个体是一个十足的具象思维者(concrete thinker),那么为他选择的图片必须能清清楚楚、完全正确地表示接下来必须做什么。

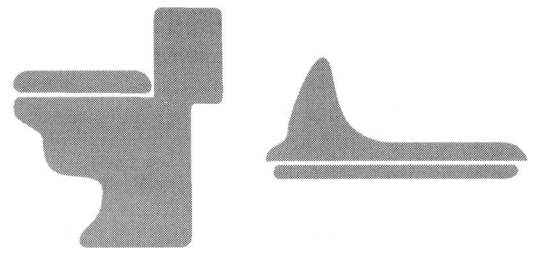

在寻找方法去解决与肠道控制有关的问题行为时,请注意:

- 根据个体当前的表现或行为来确定他的哪种需求得到了满足。

- 研究有哪些可接受的方式能够满足那些需求,同时又能逐步地向期望行为的方向演变。

- 仔细挑选能够阐明(成人)期望的图片提示。

- 在塑造一个正确的行为时,利用故事来讲述人们是如何做出正确反应的——需要非常详细地提供明确、具体的描述(详见第 11 章)。

案例

加里会按照图片提示做出一模一样的反应。在接受如厕训练时,他会离开马桶,而且当他感觉很轻松时,就会直接在客厅里拉大便。然后他会捡起粪便,并把它放进马桶里——那里才是图片提示的他应该处理粪便的地方!于是加里的父母为他安排了一个更加放松愉快的方便时间,同时更换了图片提示的内容:从马桶里的粪便变成坐在马桶上拉大便的画面。加里遵循了这个新提示,而且做得非常成功。

案例

克里斯快要 9 岁了,但是他似乎从不觉得穿着装满粪便的尿布有多么不舒服。实际上,他看上去很享受它。在接受如厕训练时,他很快就学会了膀胱控制,但是一直无法成功地控制肠道。因为一旦克里斯在内裤里大小便,就会把一切都弄得乱七八糟的,所以妈妈重新让他使用尿布了。不管是什么类型的触碰或活动,只要能给他带来深层次的、强有力的压迫感,克里斯都非常享受。后来妈妈意识到虽然尿布装满了粪便,但是克里斯很可能喜欢脏尿布所带来的压迫感和重量,因此决定必须让他接受如厕训练。于是她制订了一份如厕时间表,记录克里斯每天的大便次数。她还拟订了一份图片时间表帮助克里斯厘清大便的例行程序,并在上厕所期间为克里斯提供放松活动。最重要的是,妈妈帮助克里斯逐渐适应了在厕所里大便的感觉:首先,在他的尿布中间剪出一条长裂缝,使大便能够掉进马桶里,但同时他又还能感受到尿布贴身的舒适感。几个星期之后,妈妈在尿布上剪开的裂缝越来越大,直到它再也无法为克里斯提供贴身的感觉——这种贴身感之前一直妨碍他在如厕训练中获得成功。妈妈还为克里斯安排了获得深感觉(deep pressure sensation)的时间,一天当中,只要他提出要求,就能定时获得相应的深感觉。

案 例

　　艾伦，7 岁，已经能自如地控制自己的膀胱。但是，不管是拉在厕所里，还是拉在衣服上，他一直都很抗拒拉大便。有时候，虽然感受到了排便的刺激，但是他会忍 2~4 天，并且变得非常焦虑，本能地抗拒排便。当他无法继续抗拒时，他就会变得十分沮丧，甚至在大便后觉得恶心。艾伦的父母认为他没有理解这是正常的生理功能，因此被自己正在经历的感觉吓到了。身体上的抗拒最终只导致了一个结局：排便的体验更加不舒服，更加令人害怕。艾伦对图片和书本的反应非常积极，所以他的父母去图书馆找到了一本书，里面的图片描述并解释了消化系统是如何发挥作用的。他们也为艾伦写了一个特别的故事，里面描述了一个男孩对这些经历的适当反应。艾伦的父母每天都会给他讲这个故事。当艾伦在盥洗室时，他们也会为他提供书、杂志和音乐。同时，他们还保证艾伦摄入足量的食物纤维，喝充足的水，以及参与各种能够提供有规律的体育锻炼的活动。慢慢地，艾伦停止了抗拒，开始在马桶里大便。他似乎不再对此感到害怕或焦虑了。

第 7 章

| 表达上厕所的需求 |

第 7 章　表达上厕所的需求

　　许多孤独症人士的能力都很有限，很难与其他人沟通。但在教授他们如厕常规的过程中，有效沟通是必不可少的基础。除此之外，必须依靠其他人的帮助才能完成那些程序的个体，也必须使他们有能力让看护人知道他们什么时候需要帮助。

　　孤独症人士经历的某些困难可能会对如厕训练所需的沟通产生影响，其中包括：

- 难以过滤无关信息。
- 混乱无序，缺乏组织性。
- 容易受干扰。
- 很难听出言外之意。
- 很难集中注意力。
- 会望文生义地（或以固定的方式）理解语言。
- 理解或运用语言的能力有限。

替代的沟通方式

　　当个体自身的沟通能力有限时，就需要帮他们找到一些替代的方法来集中注意力、理解他人的用意以及主动发起与他人的互动。替代的沟通方式为沟通提供了一条被社会认可的有效途径。替代沟通系统（alternative communication system）以使用者已有的技能和优势为基础，为他们提供能增强理解和表达的有效途径。在为沟通技能有限的个体设计如厕训练时，必须把替代沟通系统列为训练计划的一部分——请注意替代沟通系统应充分利用他们的共同特点，如对常规和仪式的偏好、视觉优势和刻板思维

（literal thinking）等。

以视觉优势、对常规和仪式的偏好以及刻板思维等为基础的替代沟通方式包括：

- 实物交换（object swap）。
- 图片交换（picture exchange），以照片、图画或带文字的图片符号（picture symbols）为媒介。
- 印刷文字。

想要进一步学习如何开发和实施适合不同个体的替代沟通系统，请参考图片交换沟通系统（PECS）、视觉策略[①]及社交故事[②]等资源，从中挑选与即将参加如厕训练的个体的需求和优势相匹配的方法，并在整个训练过程中始终如一地运用这套系统。

[①] 编注：琳达·霍奇登的两本视觉策略著作——《促进沟通技能的视觉策略》（*Visual Strategies for Improving Communication: Practical Supports for School and Home*）和《解决问题行为的视觉策略》（*Solving Behavior Problems in Autism: Improving Communication with Visual Strategies*）中文简体版已由华夏出版社于2019年出版。

[②] 编注：卡罗尔·格雷的《社交故事新编（十五周年增订纪念版）》（*The New Social Story™ Book, Revised and Expanded 15th Anniversary Edition*）中文简体版已由华夏出版社于2019年出版。

沟通的有效性

有效的沟通系统必须是学习者在如厕训练结束之后，依然能持续不断地从中获益的沟通系统。在一个陌生的环境里，我们必须能够通过与其他人的互动来确定公共厕所设施的具体位置。依赖于看护人的孩子或成人应有能力在任何情境中充分表明自己上洗手间的需求。为了实现这一点，替代的沟通方式必须做到即使训练结束，学习者依然可以随时用到它们。

！假如提供的替代沟通方式无法正常工作，就会严重妨碍如厕训练的进程。所以务必确保采用的替代沟通系统能恰如其分地匹配个体的需求和能力。

德文的父母顺利地完成了对他的如厕训练。训练伊始，他们使用了一张图片时间表和一份如厕程序表。德文很喜欢时间表上的图片，而这些图片的顺序也常常能提醒他完成如厕程序的每一个步骤。最后，他能不再依赖图片符号的提示，独立使用盥洗室。然而，在小区或陌生的环境里，他偶尔还是会尿湿裤子或将大便拉在裤子里。这让德文很沮丧，也让他父母迷惑不解。后来，父母决定为德文准备一个口袋钱包，里面装有一些基本的图片符号，能帮助德文与他人沟通自己在什么时候可以从这些额外的协助中获益。接下来，当他们在小区里散步或在陌生的环境中时，德文开始利用这些图片来表达自己想上洗手间的需求。开始使用这些图片之后，德文的"意外"就停止了。德文虽然能够用言语表达，但是一旦身处高度兴奋或焦虑的状态中，他的表达就无法满足所有的沟通需求。如果能够保证只要德文有需求，他随时都可以请求去上洗手间，那么他的焦虑就会得到缓解。

如何回应个体的沟通尝试

在教授如厕技能时，沟通这一关键角色通常被看护人忽略或低估了，他们对学习者的举手投足了如指掌，以至于没有认识到学习者的许多非言语行为正是对沟通的尝试。无法通过言语来为其他人提供信息的人们也许会依赖行为，如手势，用手去指、拉、推、抓取，或其他类似的策略（但不包括口语）。这种非言语的沟通也可能包括发出声音，如哼哼唧唧、大吵大闹、哭喊、抽泣、尖叫，或其他噪声（但不包括尝试讲话）。当这类行为被用来实现沟通时，接收方应该立即给予一个回应。正在尝试与他人沟通的个体必须了解传递信息是一个非常有影响力的过程，它能引发回应。

第7章 表达上厕所的需求

! 避免忽视个体做出的任何沟通尝试，即使尝试的这些方法不尽如人意，也应给予足够的重视。假如这种主动表示没有收到回应，个体可能会采取不适宜的行为方式，或者在未来回避沟通尝试。

当某个并不属于替代沟通系统的手势或其他行为被个体用来尝试沟通自身的如厕需求时，回应者应当在帮助个体满足需求的同时，教给他首选的沟通方式。把被社会认可的沟通方式（如使用图片）与想要实现的目标匹配起来，将有助于个体理解和运用首选的沟通系统。

需求沟通可能是一种退步

对个体而言，如厕训练的最终目标是他们能自发地去厕所，并且无须他人协助就能独立地完成整套如厕程序。一旦个体已经达成了这个目标，那么在启动如厕程序之前的需求沟通也可能会演变成一种退步。因此，请允许个体未经许可便能主动进入厕所。然而，对一些看护人来说，当某个孩子突然窜出门，奔向洗手间时，他们首要考虑的是可能会产生哪些不确定性。所以，在这些情况下，请建立一套常规——孩子们可以通过这套常规，以在门旁边的预定位置放一张图片或一张印有文字的卡片的形式，来告知权威人物他离开房间后的目的地是哪里。

案 例

莫里斯正在接受老师的如厕训练。他不喜欢穿着湿漉漉的或脏兮兮的尿布，而且他似乎也已经明白了使用厕所的概念。有的时候，莫里斯会离开正在进行的活动，站到离门不足1米的地方。其他人一直都不知道他到底想要做什么，而接下来他就会尿湿（或弄脏）自己的裤子。后来，当莫里斯站到门旁边时，他的老师会递给他"便盆"的图片，然后再带他去洗手间。老师也坚持用这张图片来安排莫里斯的方便时间。几天之后，莫里斯开始先拿回"便盆"的图片，然后再站到门的旁边。于是，每个人都知道了他想告诉他们什么，他在衣服里大小便的"意外"也就停止了。

第7章　表达上厕所的需求

！ 在创建常规时必须小心谨慎，避免个体在离开活动室去洗手间（或因其他原因必须离开）的过程中，由于常规创建考虑不够周全从同伴或其他人那里获得过多的关注。在设计这类常规时，请选择以一种不易被人察觉但又足够清晰的方式来传递必要的信息。

布兰登完全融入了学校三年级的一个班级。他刚刚接受如厕训练。当布兰登在上课期间需要上厕所时，他有时会突然站起来冲向教室门。布兰登的老师告诉他未经许可就这么做，是不合时宜的。布兰登能够很好地识别需要使用洗手间的感知觉信号，并能做出相应的反应。可是，一旦他识别出使用洗手间的信号，就很少有时间做出其他的反应。于是，在开始设法遵从老师的期望去征求许可的同时，布兰登也经常等不及到达洗手间就尿湿（或弄脏）了自己的衣服。他开始一边疯狂地叫着"我必须小便啦！"一边迫不及待地冲向门口。为了解决这个问题，布兰登的老师决定尝试一个不一样的方法，既能让他有足够多的时间走到洗手间，又能告诉她他的目的地是哪里。她为每个学生都准备了一张名片，并在靠近门口的地方放了一个口袋，上面注明了"洗手间"

三个字。班上的任何人在需要上洗手间时，只要把自己的名片放在这个口袋里，就可以在不打扰其他人的情况下离开教室。布兰登的名片被放在他的桌面上作为提示。在坚持使用放名片的方法之后，布兰登便没有再干扰过班级活动，大小便也没有再出现过"意外"的情况。

第8章

| 如厕训练何时能成功 |

如厕训练程序通常被用来教个体学会在厕所里大小便。这项训练的最终目标是学习者无须他人协助就能在需要时自己去厕所。对于那些在日常生活技能方面必须依靠看护人协助的个体来说，如厕训练的目标就是主动与他人沟通上厕所的需求，这样能将每天花在上厕所上的时间最小化。

只有当个体掌握以下四点时，才能说他的如厕训练可以结束了：

- 无须依靠提示或其他人的提醒，就能表明自己上厕所的需求。

- 必要时能独立上厕所，且无须依靠提示或其他人的提醒。

- 能独立完成整个如厕程序。

- 不得不依赖提示物时，只需要参考视觉提示，无须言语提示。

纵观整个训练过程，个体总会有表现良好的时候。用正强化来奖励那些良好的表现是训练过程中的一个关键环节。但是，提前设计好使用哪种奖励或强化物是非常重要的，只有这样才能发挥奖励或强化物的积极作用。许多孤独症人士在遇到情感类强化物，或者强化物与它所强化的行为无明显逻辑关联时，会做出消极反应（如诧异、害怕、不知所措或厌恶等）。在整个训练过程中，请尽量保持冷静、不要情绪化。即使是在强化，也请尽量保持低调，使其成为如厕过程的一部分，而不要做作。对许多能在马桶里顺利大小便的个体而言，能够冲马桶就是最自然的强化物。真正的表扬通常并不充满过多的情感色彩，也不会特别大声，但是同样也能发挥积极作用。

何时强化,怎样强化

只有在个体完成了整个如厕程序之后,才能提供强化。假如个体每完成一个程序就给予一次强化,这可能会破坏整个程序的连贯性和完整性。

! 在强化个体的适宜行为时,请避免大声的、情绪化的夸张表现。这可能会吓到或干扰那些高度敏感的个体,进而可能会妨碍训练的进程。

在鼓励某些个体完成整个如厕程序时,需要用到的不仅仅是冲水声或表扬等自然强化。遇到这类情形,您可以在如厕序列图片的最后增加一张图片,用以说明在完成所有步骤之后,个体可以获得什么样的奖励。

在序列图片的末尾增加一张奖励图片,用于清楚地说明:

- 为之努力的奖励是什么。

- 如何获得这份奖励。

- 在获得这份奖励之前需要完成哪些步骤。

- 什么时候可以获得奖励。

第8章 如厕训练何时能成功

警告

！避免只运用口语来介绍潜在的奖励。这可能会引起误解、困惑以及不适宜行为。请注意使用视觉策略（visual strategies）来介绍潜在奖励的相关信息。

环境结构的重要性

在整个如厕训练过程中，经过精心策划的环境结构不仅有助于个体获得更多的进步，而且能减少每位参与者的挫败感。不但如此，当训练结束时，环境结构的重要性依然不可或缺，它能将个体独立上厕所的能力维持在一个相对较高的水平。由各种视觉线索组成的环境结构和支持不应该成为训练的目标。对视觉思维者而言，它们可以充当成功的基础，并且应该随时准备就绪。可以适当地改变那些视觉线索的表现形式，但是应避免突然终止使用视觉提示。在学习者发展自身的独立能力时，可以对视觉结构进行改良，使它们变得不再那么明显，并且看上去更加自然。

案  例

在成功地完成对苏的如厕训练之后,妈妈拿走了所有用于训练的图片。但是妈妈很快就意识到苏在冲厕所和洗手时漏掉了几个步骤。有时,苏会忘记关水龙头。无论妈妈怎么责骂和提醒,都没有用。妈妈不得不和苏待在一起,不断提醒她要完成的每一个步骤。于是,妈妈重新把图片张贴在盥洗室里,苏紧接着又开始能独立完成上厕所的每一个程序。再后来,妈妈在盥洗室贴了一套缩小版的如厕序列图片。

第9章
在陌生的环境里上厕所

第 9 章 在陌生的环境里上厕所

有规律的程序虽然容易完成，但是在陌生的环境中或者在遇到不寻常的状况时，完成程序可能会变成无比艰难的挑战。一个孩子也许能在家里、学校里坚持独立完成如厕程序，但是可能会在社区里尿湿或弄脏裤子。提前为个体在社区、陌生的环境中或者在不同寻常的情况下可能出现的如厕需求做好准备，将有助于预防出现重大问题。

在不寻常或令人兴奋的情境中，可以通过下列准备工作来满足个体的如厕需求，将潜在的问题最小化：

- 在离开家（或学校）之前，把上厕所作为出发程序的一部分。

- 一旦抵达目的地，首先了解洗手间的位置。

- 随身携带容易理解的图片提示或其他沟通辅助工具，记住：不论选择哪种辅助工具，都不能脱离个体的如厕程序。

确定洗手间在新环境中的位置

一旦抵达一个陌生的目的地，请马上寻找能指明公共厕所位置的标识。如果找不到任何张贴的标志或地图，请悄悄地打听那些设施的位置。提前知道去哪里可以使用便利设施，将有助于个体在必要时更加顺利地去洗手间，而不会引发令人沮丧的骚乱或令人懊恼的拖延。这也能预防个体因使用公共洗手间而产生过度的焦虑。

! 避免抱有孩子可能不需要使用洗手间的侥幸心理,把确定公共卫生设施的位置安排在后面完成。这样只会让孩子在社区里的每一次如厕经历都更为紧张和匆忙,进而引发较高程度的焦虑,妨碍孩子的自我控制及配合。

! 避免采用大声的、情绪激动的或异常的方式来咨询洗手间的位置。异乎寻常的交流可能会把孩子的注意力转移到"立即"进入洗手间,而不是在真正需要的时候才进去。请巧妙地咨询这一信息,别小题大做。

表达上厕所的需求

对个体来说,不管他喜欢使用口语还是替代沟通系统,当周围的环境很陌生或者令人兴奋时,表达去盥洗间的需求就会变成一项艰难的挑战。在这种情况下,随身携带一些与外出活动和个人需求相关的图片,能帮助个体理解和表达自己想要什么、必须要什么以及自己的想法或主意。

! 如果孩子在某种特定的情况下不能进行充分的沟通,那么他可能会表现出各种形式的不适宜行为:固执(不顺从)、破坏性、恐慌症、发脾气或攻击性。当孩子曾经在以往的经历中感受过有效沟通的满足感,却没能在所有情境中获得充分沟通所需的必要支持时,这种状况就特别容易出现。

! 必须认识到一点:当处在陌生、令人兴奋或不寻常的情境或环境中时,一个惯常使用口语的孩子一旦感受到明显的焦虑,就可能很难进行言语表达。遇到这些情况,请避免要求孩子表现出很高水平(或您所期盼)的言语表达。相反地,建议您随身携带一些必要的替代支持系统(如一些图片)来辅助沟通。

调整如厕程序以适应新的情况

在公共洗手间或陌生的设施里上厕所,其程序可能有别于在家里或学校里惯常使用的程序。有时,这些差异似乎不那么重要，例如更加粗糙的卫生纸或更高的马桶。但有的时候，这些差异——例如人员太多，整排的小便器会定时地自动冲水，或嘈杂的烘手机没有可以实现"关闭"功能的开关——可能会压倒一切，令人不知所措。当被这样的差异压倒或者突袭时，有些孩子会惊慌失措、发脾气或者用其他的不适应行为来回应。

为了避免孩子对程序中的差异做出令人不愉快的反应，请注意以下四点：

- 提前预知对那个孩子来说会感到诧异或有困难的地方，并携带一些图片来帮助孩子理解这些差异。
- 如果环境中的差异是孩子难以忍受的，那么请携带孩子熟悉的物品，如柔软的卫生纸或一条小手巾。
- 通过把不确定性转变成对未知事物的提前考虑和预告，将突发事件变成一种游戏。
- 提前探讨和练习对差异的反应。

社区活动的救生包

在做好充分的计划和准备之后，进入社区或陌生场所的勇敢尝试可以变成一种有价值的、富有教育意义的经历。在进行任何冒险之前，打点一个救生包，并随身携带它，可以增加积极体验的出现概率。

用于孤独症人士户外活动的救生包应该包含各种物品或材料，以满足下列需求：

- 在令人忧心忡忡、心烦意乱或其他艰难的情境中帮助个体与他人进行沟通。

- 提供在紧急情况下可能用得上的个人资料和身份证明，其中还应包括一类信息——它们能防止其他人把个体表现出来的行为（或沟通）能力限制误解为一种冒犯或威胁。

- 假如常见的公共场所提供的卫生用品是个体无法忍受的，那么也需要准备个人卫生所需的基本物品。

- 一些能安抚个体的必要物品，如一个喜欢的玩具、小毯子、手环、零食、带耳机的随身听、书、耳塞，或其他能让个体安静下来的便携式物品。

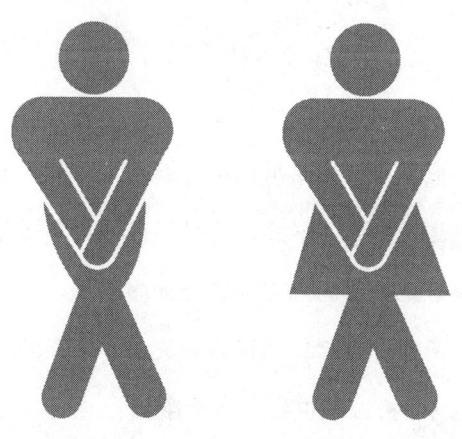

案  例

玛丽已经10岁了。她不喜欢吵闹的声音。一旦碰上弄干手的唯一方法是使用刺耳的、无法控制的烘手机时,她就会惊慌失措,拼命地尖叫,并且变得格外好斗。当玛丽变得很烦躁时,妈妈通常会训斥她,并抓住她的手臂让她顺从。但是这样只会使玛丽更加焦虑,不当行为更加严重。妈妈害怕带玛丽去公共洗手间。她决定准备一个救生包,里面装有泡沫耳塞——玛丽已经在家里练习过如何佩戴它,提醒玛丽完成如厕程序的图片,一次性的湿纸巾,以及个人身份证明——上面写明了玛丽的孤独症有时会让她在理解、交谈和保持冷静方面遇到困难。玛丽把她的救生包放在一个腰包里,斜挎在腰前。这能帮助她记得要使用里面的物品。当她们下一次外出时,妈妈在进入洗手间时注意到里面有烘手机。她停下来,把烘手机指给玛丽看,然后用图片让玛丽选择是戴耳塞,还是用纸巾来擦手。玛丽通常会选择同时使用这两种物品。然后,妈妈会把如厕图片出示给她看,接着她会圆满地完成整个如厕流程,而不会出现进一步的问题。最后,玛丽不会洗手,而是站在远离烘手机的地方,用湿纸巾把手擦干净。

第10章
训练夜间大小便控制

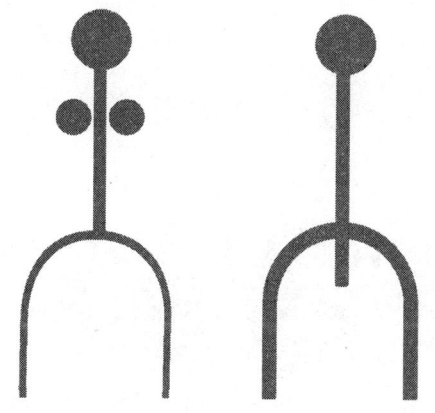

第 10 章　训练夜间大小便控制

在夜间保持大小便控制的能力需要一套不同于清醒状态下的技能。一旦个体成功完成日间如厕程序的次数达到了适当的数量，就可以开始考虑夜间如厕训练了。

何时开始夜间训练

那些在清醒时能独立完成如厕程序，但在夜里却会尿床的个体最适宜接受夜间训练。那些白天在大多数时间里都能很好地控制大小便，只是偶尔会出现在衣服里大小便的"意外"的个体，或者那些只是偶尔需要提醒才会冲厕所、洗手或关掉水龙头的个体，也得准备学习夜间大小便控制。对一个已经接受过如厕习惯培养的个体而言，如果预定的如厕安排能在多数情况下成功地阻止他尿湿或弄脏裤子，那么他可能也适合接受夜间训练。

 警告

! 如果个体白天的大小便控制仍然是个问题，尿湿或弄脏衣服的情况还在频繁（或者有规律）地出现，那么请避免在夜里对他进行如厕训练。

! 避免在夜间和白天同时对个体进行大小便控制。首先处理个体在白天的需求。

如何教授夜间大小便控制

要想整晚都能控制好大小便，个体必须能阻止排便，或者学会该如何在感受到需要上厕所的信号时做出及时的反应。开展夜间如厕训练最有效的方法就是综合运用这两种策略。

在接受夜间大小便控制训练时，学习者应该：

- 限定晚上的液体摄入量，只依靠白天的吃喝来获取充足的液体。

- 睡前 2~3 小时内不喝水（包括其他液体）。

- 每天晚上（包括周末和假期）都按时上床睡觉。

- 睡觉常规始终如一。

- 临睡觉之前会上一次厕所。

- 夜间任何时候醒来都能去上厕所。

- 清晨醒来会马上去上厕所。

夜晚的方便时间

一些孩子睡得比较沉，即使是排便的紧迫感也很难唤醒他们。于是，当限制食物和饮品摄入量的做法都无法阻止夜间排便时，这就是个问题了。对这些孩子来说，夜间如厕训练必须包含一个环节：监护人在晚上叫醒他们，然后带他们去上厕所。通常整晚只需一次方便时间就足以控制这一问题。可是，在确定出一个最佳时间之前，可能有必要尝试几个不同的如厕时间。

特殊的辅助设备

如果夜间训练需要辅助才能唤醒个体，可以借助一些特殊的辅助设备。一旦个体开始小便，这些机械装置就能探测到轻微的潮湿，接着它们会触发响亮的警报声或警告声。使用这种仪器的目的是惊醒个体，使他保持清醒状态，同时中断排便，然后起身去厕所小便。使用这种工具的终极目标是教会个体在感受到排便刺激时立即醒来。如果警报会让个体心烦意乱，或者会导致他混乱或迷茫，那么这种类型的装置可能无法对孤独症人士起作用。被这么刺激的方式弄醒可能会妨碍个体回来睡个安稳觉。如果这些都不是问题，都不会影响正在接受训练的个体，那么可以把这类装置当作一个切实可行的选择来进行探究。但是，如果个体的夜间习惯培养仅限于在某个预定的时间被叫醒去厕所，那么由于这个时间在监护人的正常作息之外，后续问题（如无法继续睡觉）越少，压力才可能会越小。

案 例

兰斯已经接受过日间如厕训练，但在多数情况下，他依然会尿床。妈妈设法保证他在睡觉前3个小时停止喝水、吃东西。兰斯在上床前也会上一次厕所。当妈妈在自己的就寝时间——23:00 检查兰斯时，他身上还是干的。她决定开始在午夜叫醒兰斯去上厕所，于是把闹钟设在 2:00。经历了一天的辛劳，还要在凌晨起来是一件格外艰难的事；而且，兰斯那时已经尿床了。因此，妈妈决定在 23:00 带兰斯去厕所——正好在她自己上床之前。兰斯上了厕所，并且到第二天早上都能保持干燥。妈妈甚至完全不必叫醒他。接下来，兰斯不再尿床了，妈妈也能够一觉睡到天亮。

第 10 章 训练夜间大小便控制

！避免使用会增加焦虑或恐惧反应的方法。应分辨出在日间训练中非常有效的策略，并把它们整合为夜间程序的一部分。

第11章

| 支持性策略 |

第11章 支持性策略

有一些新技术通常能对孤独症人士的发展产生预期的效果,本章将要探究的支持性策略就是对这些新技术的具体应用。这些策略应该是对本书提及的各种方法的一种补充,其目的在于促进个体的发展,并增进个体对如厕训练相关期望和程序的理解。

模　仿

模仿,即让学习者观察其他人正确完成某一行为的过程,以期学习者能准确无误地模仿出相同的行为。对孤独症人士而言,要想通过模仿来习得某一行为的正确步骤,必须将他们的注意力放在被观察行为的重要环节上。

警　告

! 如果学习者的注意力没有得到适当的引导,其关注点可能会转移到新颖的细节上,进而忽略、无法模仿相关行为的重要部分。因此,在把模仿法作为一种教学策略时,每次都要指明需要重点注意的环节。

故 事 教 学

教授技能的另一个非常有效的新方法是编故事——描述主人公正在进行的期望行为。这些教学故事应该使用现在时来描述施展某些技能的相关步骤。可以把每个故事都做成一本小书。用图片来阐述教学故事也能给予某些孩子强大的支持。每天给孩子阅读有关如何使用厕所的教学故事。允许孩子在任何时候,只要他愿意,都可以查阅这本书。如果孩子不会阅读,那么请给故事中最重要的文字配上能够充当如厕程序线索的图片。每一页只用1~3句话介绍一个步骤。注意使用肯定的语言来描述各个步骤,不带任何训斥、责骂,也不要描述应该避免做什么。附录中的"社交故事范例"就为您提供了一个有关上厕所的故事以供参考。

预　演

在教授技能时,预演(pre-teaching)是另一个比较有效的新方法。预演包括在学习者使用技能之前给他们提供一些清晰明确的提示。提示可以是言语类的、视觉类的,也可以是肢体动作类的;但是,为了发挥最大的效力,应该根据个体的喜好和特长来提供视觉提示。

第 11 章 支持性策略

可以通过下列方式来提供最有效的预演：

- 出示一张图片提示来提醒学习者下一项任务是什么或预计会发生什么变化。
- 出示一长串按顺序排列好的图片提示来提醒学习者完成该项任务需要哪些步骤。
- 在正式启动那项任务之前，阅读一个有关完成该任务（或程序）的教学故事。
- 观看一段正确完成该项任务的录像。

! 在计划使用录像时必须保持高度谨慎，避免在录制如厕程序或其他自理程序的过程中出现人体裸露的环节。如果部分裸体或被视为低俗的动作出现在放映中，可能要承担相应的法律责任。

内森经常抗拒如厕训练，不愿为之付出努力。有时他会配合，但在其他时间，他总是试图抓住他看见的每样东西，完全忽视了整个如厕程序。偶尔，当妈妈想用肢体动作把他重新引向如厕任务时，他会变得格外好斗。当他走进盥洗室时，如果看见马桶，他就会冲马桶。如果看见洗手池，他就会打开水龙头玩水。如果首

先看见的是浴缸，他就开始脱衣服，并试图爬进浴缸。任何干预的尝试都会引发他的尖叫、推人、攻击以及发脾气等行为。妈妈决定写一个关于内森是如何遵守如厕程序的故事。她描述这个故事所使用的措辞就好像内森真的准确地完成了每一个步骤一样。在内森走进盥洗间开始如厕程序之前，妈妈把这个故事讲给他听，并把与视觉提示相匹配的图片指给他看。接着，当内森进入盥洗间时，妈妈递给他一张马桶的图片，并引导他注意图片内容。内森每完成程序中的一项任务，妈妈就会递给他一张图片提示他开始下一项任务。自从妈妈经过精心策划把图片和故事作为预演的内容，用于引导内森的注意力之后，内森就能毫无问题地完成整个如厕程序了。

第12章
常见问题及其解决方案

第 12 章　常见问题及其解决方案

本章所探讨的问题涵盖对孤独症人士进行如厕训练时将会面对的各种特殊问题。推荐的策略充分运用了本书所探讨的各种方法，可以将其作为您的简明实操指南。案例部分则描述了具体情境下的具体解决方案。

害怕盥洗室

一些孩子会因为害怕进入盥洗室而在如厕训练方面止步不前。这种情况似乎更容易发生在学校和公共洗手间里——究其缘由，可能是受房间的大小、冷色调居多、声音嘈杂、人数众多以及陌生感等多重因素的影响。

可以借助以下方法来消除个体对盥洗室的恐惧：

- 把盥洗室与令人愉快的、宁静的或积极的体验匹配在一起，以此来减少个体对盥洗室的敏感反应。
- 利用图片提示来引导个体集中注意力。
- 只要个体进入盥洗室就马上给予正强化。

107

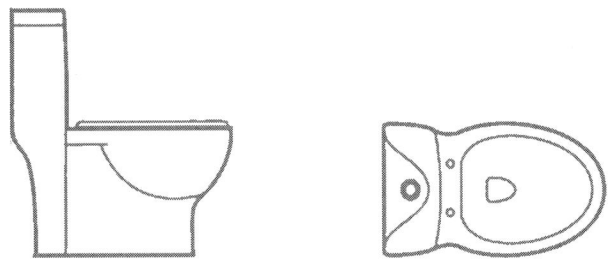

害怕坐在马桶上

一些人,特别是孩子,对"坐在马桶上"这件事的反应很消极。这些反应各式各样,小到啜泣、紧张不安或者越来越焦躁,大到完全抗拒触碰马桶。消极反应可能是对下列情况做出的直接反应:无法忍受瓷器给人的触觉感受,坐在马桶上时感觉无法保持平衡,害怕冲厕所的响声或者快速旋转的水流,或者是害怕掉进水里或接触水。

案　例

克里斯害怕学校的盥洗室。他的老师——朗女士运用了一张习惯培养时间表。克里斯的图片时间表被张贴在教室里。到了方便时间,克里斯会和朗女士一起离开教室,去洗手间。一进洗手间,克里斯就开始到处乱跑、大声叫喊、撞墙、冲洗小便池,以及打朗女士——仿佛她挡了他的道一样。情况会恶化到朗女士不得不想办法"动用武力"把他推进小隔间里。但克里斯通常都会反抗,变得更加富有攻击性。在多数情况下,他会变得如此固执、好斗,以至于朗女士需要抱住他,把他控制在盥洗室的地板上,直到他平静下来。渐渐地,这种约束的持续时间从15分钟延长到了2小时。当然,根据克里斯的如厕时间表安排,这种情形每天都会上演好几次。曾经有那么一段时间,朗女士感觉自己好像一天下来只做了一件事——把克里斯限制在盥洗室里。两个人都非常沮丧,情感备受摧残,体力也消耗殆尽。一位行为顾问建议朗女士把图片提示带入洗手间,用以沟通"坐在马桶上""洗手"和"回去上课"等步骤。克里斯对这些图片的反应相当好。除了能正确无误地使用洗手间之外,克里斯也不再感到被约束了。

处理个体害怕坐在马桶上的问题,可以采用下列方法:

- 提供搁脚板或其他稳固的装置,如马桶座,让个体坐下时有把握把自己的脚搁在牢固物体的平台上。

- 个体坐下时,给他提供一个正好可以放在大腿上方的小桌子——这样不仅可以在个体坐在马桶上的时候为他提供适宜的平衡支持,而且还能把他的注意力导向被推荐的任务。

- 把马桶与令人愉快的、宁静的或积极的体验(如音乐)匹配在一起,以此来消除个体对马桶的过激反应。

- 使用一把独立的坐便椅。

- 只要个体使用了马桶就马上给予正强化。

案  例

当妈妈试图把卡梅伦放到马桶上时,他会拼命地尖叫,不断挣扎、反抗。即使使用儿童便盆也无法改变卡梅伦的反应,他拒绝坐在任何一把独立的坐便椅上。妈妈决定先降低卡梅伦对马桶的敏感度,以便他能够接受大小便训练。首先,她制作了一张图片,为了避免日后混淆,画面内容是一个简笔画的小人站在一个马桶的旁边,以区分站在马桶附近与实际使用它的不同。然后,她把那张图片与卡梅伦非常喜欢的一个奖品的图片匹配在一起。接着,她开始设计卡梅伦站在他喜欢的绒毛地毯上的时间。起初,妈妈把这块地毯摆在距离洗手池几步远的地方。她给卡梅伦出示这些图片,让他站在地毯上,同时设置一个几秒钟的计时器。她只开了夜明灯,播放的是卡梅伦特别喜欢的音乐。当计时器响起,她会立即用之前确定好的奖品来强化他的行为。接下来,妈妈逐渐把地毯挪到了靠近马桶的位置,并且延长了站立的时间。在他们完成这个程序的同一时期,妈妈启动了计划好的习惯培养项目,因此每天都有好几项训练内容。两周内,只要出示一张图片提示他,卡梅伦便能触碰马桶。随后,不超过三周,只要出示图片提示,卡梅伦就能坐在马桶上,不再反抗。六周内,通过运用习惯时间表、相关图片和奖励,卡梅伦能够保持良好的大小便控制。

反 复 冲 水

有些孩子进入盥洗室后可能会反反复复地冲刷那里面的每一个小便器或马桶。有些孩子可能会一遍又一遍地冲刷一个马桶。对一些孩子而言，他们这么做可能是由于不理解洗手间里的期望行为是什么。而对另一些孩子来说，看见马桶本身就是给他们提供了一个冲水的视觉提示。对盥洗室或厕所的焦虑或害怕也会触发冲动性冲水。

可以通过下列方法教个体在上完厕所之后只冲一次水：

- 在进入盥洗室之前，使用图片提示来引导个体坐在马桶上。
- 在进入盥洗室之前，运用预演策略引导个体采用正确的步骤来上厕所。
- 在记录如厕程序的序列图片中还应包含一类图片——它们清楚地说明了应该在什么时候冲厕所以及应该冲多少次（可能有必要把这些图片放在马桶的按键上，当个体非常冲动地想按时，它们可以起到提醒作用）。

莎拉正在接受习惯培养。无论什么时候看见马桶按键，她都会反复冲水。她的老师威姆斯女士在一张透明的宽约 5 厘米的正方形纸上画了一个表示"禁止"的通用符号——打了斜线的红色圆圈。然后她把它放在马桶的按键上。不仅如此，威姆斯女士还在如厕程序的序列图片中增加了一张表示"只冲一次水"的图片,准备在莎拉可能会冲水的时候向她说明。到了冲厕所的时间,威姆斯女士提示莎拉拿开"禁止"标志,冲一次水,然后把"禁止"标志放回按键上。从此,莎拉不再在错误的时间冲厕所,也记住了每回只能冲一次。把"禁止"标志放回马桶按键上的举动是一个有趣的仪式,它能提醒莎拉现在不是冲厕所的时间。

案 例

里斯能独立使用马桶,但是他会一遍又一遍地重复冲水。爸爸不想干扰他的独立性,因此他让里斯每完成任务序列中的一个步骤,就把对应的图片放入信封里。一旦所有图片都被放进了信封,那么就表示任务已经完成了。

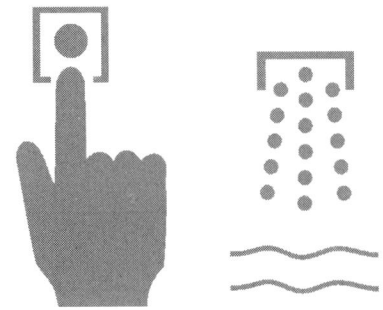

反对撤走尿布

在接受如厕训练时，偶尔会发生个体变得格外烦躁并且拒绝尝试使用训练裤或内裤代替尿布的情况。有些孩子对不同的布料或服装款式所带来的手感和压迫感很敏感，这可能会成为不舒适感的重要来源。尿布带来的满足感可能源于尿布束住大腿和腰部所产生的紧绷感，或尿布紧贴身体所产生的全部压迫感，或者特殊布料摩擦皮肤所产生的感觉。

当个体反对用训练裤或内裤代替尿布时，可以采用以下方法：

- 把尿布穿在内裤外面，然后随着时间的迁移，逐步剪掉或采用其他方法去除尿布上的一小部分——当然必须从不能给这个孩子提供最大限度的满足感的部分着手。
- 每天让孩子穿一小会儿内裤，而不是尿布，逐步增加每天穿内裤的次数，然后延长穿戴的时长。
- 使用预演策略，并奖励孩子穿内裤的行为。

案 例

每次妈妈给劳伦穿内裤时，她都会发脾气。她喜欢尿布带来的紧身感和厚重感。妈妈决定先给劳伦穿上内裤，然后再把尿布套在内裤的上面。劳伦似乎并不介意这一点。慢慢地，妈妈每天都会把尿布系得略松一点，直到有一天尿布会掉下来。这种渐进式的改变好像并没有困扰到劳伦。当尿布系得过于宽松时，她会自己脱掉它，并且也越来越习惯穿内裤的感觉了。就这样，穿了两周松松垮垮的尿布之后，如果妈妈再试图给她穿尿布，她就会大吵大闹了。

案例

马修正在接受如厕训练，但是他拒绝穿内裤来代替尿布。妈妈利用他的图片时间表设定了穿内裤的时间点。她还用计时器来表示每个时间段的结束，因此马修不会意外地认为不良行为可以终止"内裤时间"。妈妈同时还会用图片向马修说明如果在计时器响起、"内裤时间"结束之前，他能一直穿着内裤而不发脾气，将会获得什么奖励。

无法在马桶里小便

在对个体进行如厕训练时，您将遭遇到的最大的挑战之一就是鼓励个体在马桶里小便。用言语进行解释看上去似乎是最合乎逻辑的方法，但它通常毫无成效。问题的原因可能出在个体不理解成人的期望、缺乏自我控制或者在被放到马桶上时感到焦虑。

案  例

玛格丽塔正在接受一个如厕时间表上的安排。她的老师威利斯小姐运用了图片提示，因此玛格丽塔能独立完成如厕程序中的大多数步骤。但是在偶然情况下，威利斯小姐也会不得不指着一张图片来提醒玛格丽塔下一步该做什么。玛格丽塔有时会连续好几天都不在马桶里小便，碰到这种情况，威利斯小姐就会感觉比较受挫。具体表现为：玛格丽塔会配合地在马桶上坐1~2分钟，然后继续如厕程序的剩余环节。通常5~10分钟之后，她就会尿湿自己的衣物。威利斯小姐决定在比预定的方便时间提前10分钟的时候，给她一杯水或果汁喝。她还在洗手间放了一个小收音机，当玛格丽塔坐在马桶上的时候，收音机里会播放柔和的古典乐。关掉音乐就变成了从马桶上下来并继续其他程序的信号。有了这个信号，威利斯小姐便能够延长玛格丽塔坐在马桶上的时间，让她放松心情地小便。这些程序变化马上就发挥了作用——玛格丽塔会使用马桶，能保持衣物干燥，也能定期获得因在马桶里排便而被给予的小奖励。紧接着，她很快就学会了独立上厕所，不再需要帮助、额外补充水分、音乐或奖励。

当个体无法在马桶里小便时，可以采用以下方法：

- 利用图片和教学故事，明确地向个体介绍期望行为是什么。

- 在上厕所的前几分钟增加水分的摄入量。
- 在个体被带去上厕所之前做好预演,即温习图片内容以及阅读相关的教学故事。
- 利用音乐、个体特别喜欢的安抚玩具或材料、柔和的灯光以及其他有助于个体放轻松的方法,来创造一种轻松愉快的、安静平和的氛围。
- 减少话语和分散注意力的各种干扰,小声交谈。
- 允许个体在马桶上待足够长的时间来冷静和放松。

无法在马桶里大便

鼓励个体在马桶里大便也是开展如厕训练时要面临的一大挑战,其难度不亚于鼓励个体在马桶里小便。这一难题也可能与不理解成人的期望、缺乏自我控制或者在被放到马桶上时感到焦虑等因素相关,因此,二者的干预手段从根本上讲是相通的。然而,这项任务通常更难学习,因为可用的练习机会少之又少。

在教个体在马桶里大便时,可以采用以下方法:

- 利用图片和教学故事,明确地向个体介绍期望行为是什么。
- 提供有规律的饮食、锻炼和充足的水分。
- 在个体被带去上厕所之前做好预演,即温习图片内容以及阅读相关的教学故事。
- 利用音乐、个体特别喜欢的安抚玩具或材料、柔和的灯光

第12章　常见问题及其解决方案

以及其他有助于个体放轻松的方法，来创造一种轻松愉快的、安静平和的氛围。

- 减少话语和分散注意力的各种干扰，小声交谈。
- 允许个体在马桶上待足够长的时间来冷静和放松。

12岁的达伦具备了膀胱控制能力，但是无法在马桶里大便。每天到了该大便的时间，达伦不到5分钟便能完成整个如厕程序，但并没有排便。10~20分钟之后，他就会拉在自己的裤子里。这让达伦很难过，但是他依然会继续这种行为。妈妈决定在达伦平常排便的时间教他在马桶上坐更长的时间。她在达伦的图片时间表上标明了什么时候会为那个特定的如厕时间设置20分钟的计时。她还在马桶的旁边放了一些达伦喜欢的图书。达伦很享受这段安静的时间，可以尽情地阅读他喜欢的书。有了这段额外安排的时间和放松活动，达伦很快就能持续坐在马桶上，直到拉完大便。这些方法给达伦提供了停止弄脏衣物所需的额外支持。

! 如果个体在排尿或排便时看上去很不舒服或很费力，请向内科医生咨询。

尿在抽水马桶的外面

把尿尿在马桶池里可能会给一些孩子带来巨大的挑战。如果孩子注意力分散、不理解成人的期望或者难以控制身体，就有可能发生尿在马桶外面的情况。

可以通过下列措施促使个体把小便尿在马桶池里：

- 尽可能地减少干扰，包括交谈。
- 关上盥洗室的门，避免外界干扰。
- 保证个体在小便时能保持一个平稳的站姿（或坐姿）。
- 利用视觉提示向个体说明小便时应该对准什么位置。
- 提供描述正确技巧的教学故事。
- 在上厕所之前做好预演。
- 奖励个体尿在马桶池里的行为。
- 冷静地让个体清理滴落的尿液，并做好消毒，必要时可以提供帮助。
- 利用图片提示的视觉信息向个体说明：如果他尿在马桶池里，并清理好后面的所有麻烦，会得到什么奖励。

曼迪很难笔直地端坐在马桶圈上。有时，为了看到顶灯，她会向后靠，把头搁在马桶的水箱上。当她这么做时，尿液就会溅到她的衣服、马桶圈和地板上。为了解决这个问题，妈妈开始在盥洗室里用夜明灯来代替顶灯。当曼迪坐在马桶上时，妈妈在她脚下放了一个小脚凳。这为曼迪提供了平稳的支持和一个不同的关注点。妈妈也用图片向曼迪说明了如果她尿在马桶里面，就可以在完成如厕程序之后玩 2 分钟小手电筒。这又为曼迪提供了一种她一直想要获取的视觉刺激，而且只有在完成一个适宜行为——尿在马桶里面之后，她才能获得那种感觉刺激。妈妈把表示"尿在马桶里"和"玩手电筒"的图片贴在马桶对面的墙上，这样，只要曼迪在马桶圈上保持正确的坐姿，就能看见它们。在曼迪第一次进入盥洗室时，妈妈利用预演策略向曼迪出示了这两张图片。当曼迪忘记坐直时，妈妈会轻轻地指一指图片提醒她。几天之后，曼迪便能坚持在马桶上坐好，不再制造任何混乱。

涂 抹 粪 便

少数孩子在大便之后会把粪便抹在自己身上、盥洗室的墙上和衣服上。及时改变这种行为至关重要，因为它不仅是一个极其令人不悦的问题，而且会带来巨大的健康风险。最稳妥而且最实用的方法就是从一开始便要阻止这一行为的发生。

为了预防个体涂抹粪便，可采用以下措施：

- 在如厕程序中增加一张图片提示"擦干净"，这能为个体提供一个清晰的视觉提示表明接下来要做什么。

- 提供舒适的、对那些特殊人士来说方便使用的卫生纸或湿纸巾；对那些比较敏感或者协调能力很差的个体而言，使用湿餐巾纸或温热的湿毛巾有时会更好。

- 必要时帮个体擦屁股、擦手。

- 定期检查个体在上厕所时的进展情况；注意检查时要保持安静，做得巧妙不易察觉。

- 教个体利用铃声或类似的东西示意他已经拉完了。

一旦个体已经把粪便涂得到处都是，您必须做出如下反应：

- 立即清理所有被弄脏的地方，并做好消毒。

- 如果适合，请要求个体协助清理和消毒。

- 避免当着他的面清理残局和消毒，除非他也参与了清扫工作——观看其他人修复被弄脏的地方可能会让人觉得新奇且值得一试。

第12章 常见问题及其解决方案

- 在清理过程中，尽量停止所有社会性互动或交谈。
- 避免说教、责骂、处罚、抱怨、唠叨或情绪反应。
- 跟个体一起回顾如厕程序的序列图片，或者阅读一个描述了正确行为的教学故事。
- 计划该如何预防未来的涂抹行为——可以利用图片提示、教学故事、强化监督、示意何时结束的方法、预演，以及奖励个体正确完成如厕程序的行为。

案 例

布莱恩接受过如厕训练，他会使用习惯时间表。妈妈用一长串的序列图片提示来向他说明如厕程序。她已经精确地确定了布莱恩日常的大便时间。每当布莱恩在这个时间上厕所时，妈妈就会让他坐在马桶上听他最喜欢的音乐，以便他能放松心情去排便。如果妈妈待在盥洗室里，布莱恩就很难放松，自然也无法完成大便，因此她会利用这段时间完成一些（自己的）工作。有时，布莱恩需要20分钟才能拉完大便。当妈妈察觉到他已经拉完时，她会帮他擦屁股。但是当妈妈不在身边时，布莱恩会立即自己用手擦屁股，以至于他的手上、他接触过的每一件东西上都抹上了粪便。他之前根本没有注意到妈妈是用卫生纸来擦屁股的，因为当时他的注意力全都集中在尽量按妈妈的要求站好。妈妈决定用图片和教学故事来向布莱恩说明如何擦屁股。她把纸放在布莱恩的手上，然后帮助他擦屁股。此外为了提醒布莱恩，妈妈在墙上贴了一张"擦屁股"的图片，只要布莱恩坐在马桶上，抬头就能看见它。与此同时，妈妈还确保卫生纸被放在布莱恩触手可及的地方。很快，布莱恩就开始自己用纸来擦屁股，并且不再制造混乱了。

抗拒使用卫生纸

对某种布料的质地敏感或者对某种触觉敏感的个体，可能会拒绝使用卫生纸。有些孩子可能会因为"用纸擦拭"这个特别的步骤在如厕程序中并不十分清晰而抗拒使用纸。还有些孩子可能不明白该怎么用卫生纸。

如果学习者拒绝使用卫生纸来擦拭，可采用以下措施：

- 在如厕程序中增加一张图片提示，向个体清楚地说明"用纸擦拭"。

- 提供舒适且方便使用的卫生纸或湿纸巾；对那些更加敏感的个体而言，湿手帕或暖和而又湿润的毛巾有时会是一个更好的选择。

- 必要时帮助个体擦拭。

- 教给个体正确的行为方式，具体方法有：根据个体的需要来提供肢体指导，利用图片提示向他说明该如何操作，以及阅读一个相关的教学故事。

- 在上厕所之前做好预演。
- 在个体坐在马桶上也能看到的地方张贴一张图片,提醒他擦拭。

案 例

艾丽西亚不仅非常冲动,而且非常活跃。一旦看到感兴趣的东西,她就会立马停下手中的事,冲向新事物。她正在接受如厕训练,但是她身上总是会有一股令人不快的气味,闻起来就像是粘了粪便的内裤。当她身上发出的气味很糟糕时,学校里的其他孩子就会对她敬而远之。她的老师亨德森夫人的观察力更加敏锐,她注意到艾丽西亚在拉完大便之后完全不擦屁股。口头提醒并没有带来持久的改变。亨德森夫人决定教艾丽西亚用一条湿手帕或湿毛巾做更加彻底的清洁。她在艾丽西亚的如厕程序里增加了一张图片用以说明在拉完大便后需要"用一条湿毛巾擦屁股"。最初几次,亨德森夫人提供了辅助,直到艾丽西亚能坚持正确地完成这个新步骤。然后,她把这张图片提示放在艾丽西亚很容易就能看见的地方。当艾丽西亚在盥洗室时,亨德森夫人也会把湿毛巾放在她触手可及的地方。如果艾丽西亚从盥洗室出来时身上的气味很难闻,亨德森夫人会提示她返回盥洗室重新清理,必要时给艾丽西亚提供肢体指导。在几次返回盥洗室之后,艾丽西亚在清洁整理方面更加熟练。最终,她身上难闻的气味也消失了。

卫生纸用得太多

一旦个体学会使用卫生纸,如何截取适量的纸就成了一个问题。有些孩子的卫生纸不够用,有些孩子却用得太多。

在教个体应使用多少卫生纸时,请注意:

- 让他点数一定数量的卫生纸。
- 利用视觉提示来帮助个体确定适当的用纸量。

案例

温迪用卫生纸用得特别费。因为她对图片提示的反应很积极,所以爸爸在盥洗室的墙上——卫生纸筒下方几厘米处,画了一个格外醒目的标记。接着,他教给温迪测量纸的长度的方法——拉扯卫生纸,直到纸的一端到达墙上的标记处,然后把那截纸从纸筒上撕下来。有了这个视觉提示的帮助,温迪便能很仔细地截取适量的纸张。

抗拒洗手

洗手——最好是用肥皂和水洗手——应该成为所有如厕程序中的一部分。洗手除了能减少疾病风险，还可能成为许多孩子都乐于享受的固定仪式。偶尔也会有孩子抗拒洗手或其中的某些环节。这可能是由于孩子不能容忍在这个过程中体验到的触觉感受，或者对成人的期望理解有限。

在教个体接纳洗手时，可采用以下措施：

- 增加一张图片提示向个体清楚地说明"洗手"是如厕程序的一部分。
- 肥皂和毛巾的材料质地必须是个体可以接受、容忍的。
- 如果个体完全无法忍受肥皂和水，那么请用消毒布擦手。
- 教给个体正确的行为方式，具体方法有：根据个体的需要来提供肢体指导，利用图片提示向他说明该如何操作，以及阅读一个相关的教学故事。
- 在上厕所之前做好预演。
- 洗完手后及时涂护肤液、香粉，或者给予其他奖励。

 **案 例**

帕特里克不喜欢肥皂的气味。每当上完厕所带他去洗手,都像是打仗一样。妈妈用液体皂替换了普通的块皂。帕特里克很喜欢按压液体皂盒的喷射装置。相比于块皂拿在手上有时像果冻一样黏稠,他更能容忍使用液体皂产生的触觉感受。既然帕特里克那么喜欢喷射瓶,妈妈就允许他在用肥皂洗完手之后,使用一支按压式的护手霜作为奖励。从此以后,洗手不再成为帕特里克的一个问题。

需要频繁的提示才能完成如厕程序

如果学习者须不断地依靠频繁的言语提醒才能完成如厕程序的各环节,那么请进行适当的干预,让他能够更加独立地完成这些任务。

减少学习者对言语提醒的需求量，可采用以下方法：

- 用清晰的视觉提示来替代重复的言语提醒。
- 阅读描述了正确完成该项任务的教学故事。

每一次肯德里克用完盥洗室之后，他的老师沃伦先生都必须提醒他要冲厕所以及关好水龙头。沃伦先生决定在洗手间大门的内侧——肯德里克看得见的高度，挂上"冲厕所"和"水龙头"的图片。自此以后，肯德里克能够连贯地完成这些任务，不再需要沃伦先生的任何言语提醒。

抗拒使用陌生的厕所设施

如果即将使用的厕所设施处在一个陌生的环境中，环境的面积很大，里面有很多人，或者里面的布置不常见，那么这些都会吓到孤独症人士。由这些差异引发的焦虑可能会妨碍个体完成如厕程序。

在使用陌生的厕所设施时，请注意携带备有熟悉的视觉提示的救生包和安抚物品（如湿毛巾或耳塞）。

案例

妈妈从来都不知道莱昂内尔在陌生环境中使用洗手间会有什么样的反应。有时他很好奇，也很配合；有时他又会焦虑不安，发脾气。妈妈无法确定到底是什么东西惹得他心烦意乱。于是，她开始随身携带莱昂内尔在家上厕所时常用的序列图片。在他们进入一间陌生的洗手间之前，如果妈妈记得给莱昂内尔看序列图片，他就会很配合，没有任何问题。如果他开始出现焦虑，只要妈妈引导他重新关注这些图片，他也能自己完成如厕程序。既然妈妈已经找到了一个解决问题的办法，那么她也就不需要查明到底是什么因素导致莱昂内尔在一些环境中会有抗拒行为。

在家里接受如厕训练，却在学校里说"不"

有些孩子更容易在家——这个非常熟悉的环境里参加如厕训

练。当然，与家相比，学校涉及更多或不同的行为要求，也可能会引发更多的焦虑、兴奋和注意力分散。对一些孩子来说，家庭环境可能更有助于他们学习如何使用厕所。

当个体在家里接受如厕训练，却在学校里说"不"时：

- 父母与老师必须共享信息。
- 分析家里具备哪些适当的因素使个体能够成功使用厕所。
- 将那些因素复制到学校里，包括使用相同的材料、如厕时间表和过程提示。
- 家校之间保持定期沟通。

案 例

赫尔南德斯夫人尝试在学校里训练赫克托上厕所，已经几个月了，都以失败告终。赫克托的妈妈说他在家里能接受如厕训练，赫尔南德斯夫人与她会面商讨有哪些因素激励了赫克托在家遵循如厕程序。妈妈说赫克托坐在马桶上时会抱着一个特别喜欢的玩具。她开始把这个玩具与赫克托一起送到学校里。赫尔南德斯夫人把一张图片提示与这个玩具做了匹配。赫克托可以在学校使用厕所了，并最终能在没有玩具实物的前提下对图片提示做出回应。这个解决方案是老师与家长共同努力的结果。

在学校里接受如厕训练,却在家里说"不"

在学习如厕程序时,一些孩子对学校环境的反应更加顺利。学校这一背景通常更加有利于坚持遵循时间表,也有助于提供学习抽象概念所需的视觉结构。

当孩子在学校里接受如厕训练,却在家里说"不"时:

- 在开始家庭训练之前耐心地等待,直到研发出有效的策略,并且孩子能在这个项目中取得一些成功。
- 确定哪些策略是有效的,并在家里复制那些有效策略,包括使用相同的材料、如厕时间表和过程提示——必要时可对它们进行适当的修订,使之适应家庭环境的需要。
- 把如厕训练作为家庭训练和家长培训课程的目标之一。
- 家校之间保持定期沟通。

案 例

琼斯夫人正在训练萨米在学校里使用儿童便盆。她必须对萨米的如厕时间表和自己使用的图片提示做少许调整。为了找到让萨米坐在马桶上的最好办法,他们经历了反复的试验和摸索。萨米的妈妈迫切地希望开始在家里训练他使用便盆,但是琼斯夫人鼓励她要等到自己发现一些最有效的方法,以避免在家里制造出巨大的改变给孩子和家庭带来负担。琼斯夫人一直等到萨米能在大多数情况下坐在马桶上大小便,并且很少会尿湿或弄脏自己的衣服时,才把他的如厕程序教给萨米的妈妈。当她们分享这些方法时,琼斯夫人复制了一份自己使用的图片提示给她,帮她建立了一个在家里行得通的如厕时间表,并且向她解释了实际完成这一程序的渐进式步骤。然后,琼斯夫人让她观看了自己和萨米完成这一程序的实际流程。在随后的家庭训练中,她们继续通过交谈或者互相写纸条的方式来回答问题、发送进展报告或者分享相关的信息。这位老师与家长一起帮萨米学会了将新习得的如厕技能应用到学校以外的情境中。琼斯夫人的方法使这项任务对萨米的妈妈来说变得更简单了,假如妈妈尝试执行的是一项正在不断变化的程序,那么她多半会被压垮而不知所措。

退化或退步

偶尔也会发生正在接受如厕训练或者已经能独立使用厕所设施的个体开始尿湿或者弄脏衣服或床铺,而且比往常更加频繁。这些退步可能会令看护人和正在退步的个体感到沮丧和苦恼。

有些个体可能会受下列因素的影响而在如厕习惯上发生退化或退步:

- 不舒服、疾病、意外伤害或者重要的生理影响。
- 更换药物。
- 饮食改变。
- 睡眠模式的改变。
- 日常生活习惯出现重大改变。
- 家庭结构或家庭氛围发生变化。
- 学校、同学、所在的班级、学校对学生行为的要求,或者学校环境中的重要人物发生改变。
- 压力或焦虑水平增加。

当发现个体在如厕习惯上出现退化或退步时,应采取下列措施:

- 探究退化之前发生的变化以确定导致退化的原因。
- 与医生讨论任何可能相关的生理问题。
- 利用图片提示、教学故事、安抚物品、延长休息和放松的时间以及增加与喜欢的人待在一起的时间等方式,将任何已知诱因的冲击最小化。
- 重新运用曾促成个体在训练中获得发展的各种策略，包括提示、支持性物资、故事、环境变化、喜欢的物品、放松活动以及救生包。

! 当个体正在经历退步时，避免用生气、失望或其他消极情绪来回应。因为这样只会使问题更加恶化。请冷静地重新运用有效的训练策略。

马库斯和他的家人在新房子里住得非常开心。然而，马库斯开始在白天尿湿或弄脏裤子，在晚上尿床。因为马库斯接受如厕训练的时间已经超过一年，所以再次发生失禁情况，他的父母有些沮丧。他们决定找出过去用来做如厕训练的物品。结果找到了马库斯的图片时间表（上面详细地注明了每天的如厕时间）、按顺序排好的如厕程序图片以及相关的教学故事。马库斯开始按照当初第一次学习使用厕所时所用的同一个程序来行动。很快他又能非常顺利地按计划上厕所了，因此父母又收好了图片、时间表和教学故事。这些以前熟悉的物品在马库斯应对变化的过程中为他提供了所需的安抚和支持。

对一些孩子来说，只要运用些许的有效策略，他们就能轻松地完成如厕训练。而另一些孩子则可能需要经历一个漫长的训练期，体验众多的操作方法。不论任务的挑战性有多大，我们花在如厕训练上的时间和精力都是一笔成功的投资，它不仅能帮助孤独症人士变得更加独立，而且也为他们提供了更多的机会来享受在家庭、学校和社区里的积极体验。

附 录

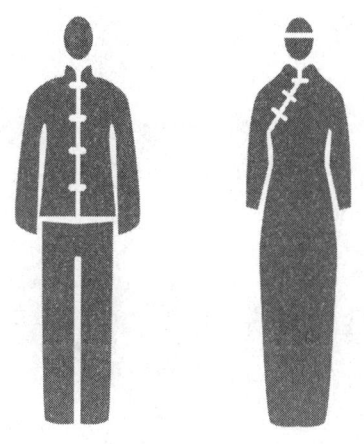

排便时间及具体反应的观察记录表

说明：请在标题栏记录日期（格式为"月／年"），在对应的日期栏下找到最接近个体大小便的时间，并使用下列符号记录观察到的具体情况：

代表符号：U＝在厕所小便　　　　B＝在厕所大便

UX＝（意外）小便在裤子上　　BX＝（意外）大便在裤子上

日期									
7:00									
7:30									
8:00									
8:30									
9:00									
9:30									
10:00									
10:30									
11:00									
11:30									
12:00									
12:30									
13:00									
13:30									
14:00									
14:30									
15:00									
15:30									
16:00									
16:30									
17:00									
17:30									
18:00									
18:30									
19:00									
19:30									
20:00									
20:30									
21:00									

评价：＿＿＿

社交故事范例（与如厕相关）

下一页的内容是一个故事范例，可以用来教给个体学习使用马桶的步骤。最理想的状态是，每天在个体使用马桶之前，都给他朗读这类故事。当使用绘画或图片的形式来说明故事内容，特别是当这些图片与用来提醒个体完成如厕程序的视觉提示完全相同时，这个故事会更加有效。应当规划好故事的内容，保证每一页只用 1~3 句话来描述如厕程序的一个步骤。在这个例子里，故事每个小节之间的空行表示新页面的开始。家长或老师也可以通过增加学习者的姓名等方式来修订这篇故事，使其在某种程度上描述的正是那个学习者要正确完成的如厕程序。这个特别的故事是为个体写的，因此使用的文字可以是他的家人在提及上厕所时使用的俚语。很多人可能喜欢在故事里使用专业术语。在撰写故事的语句时，一定要使用您实际说的话语，即使使用的是俚语也没关系。请选用符合您需求的故事。如厕程序的各个方面都可能会给一些学习者带来挑战。提供一个结构类似、描述洗手步骤的故事可能比较适合那些无法完成洗手步骤的个体。

使 用 马 桶

有时我必须尿尿。

当我必须尿尿时,我就去上厕所。

有时我必须拉屁屁。

当我必须拉屁屁时,我就去上厕所。

进入厕所后,我会脱掉我的裤子,

坐在马桶上。

有时我在马桶里尿尿。

有时我在马桶里拉屁屁。

当我拉完尿完时,我要用卫生纸擦屁股。

有时我必须多擦几次,我要把我的屁股擦得干净又干爽。

擦完之后,我要把脏了的卫生纸扔进马桶。

我要冲马桶。

我走到水池前,用肥皂和水洗手。

我擦干自己的双手。

词 汇 表

替代沟通系统（alternative communication system）：一种有组织的沟通方法，它充分利用了各种非言语类支持，如图片、图片符号或用以表达或接收信息的手势。

焦虑（anxiety）：一种对不安或苦恼的整体感觉。

孤独症（autism）：一种发育障碍，通常在3岁前发病。这是一种由大脑功能失调引起的神经系统疾病，通常会影响到个体的语言运用与沟通、社会互动，以及认知过程。

替代计划（back-up plan）：供选择的其他策略。如果首选的方法不起作用或者没被运用，就可以执行该计划。

逆向串链（backward chaining）：一种教学策略。通常会把一项技能分解成一系列可以按顺序进行介绍和教学的较小步骤，首先从最后一步开始练习。

膀胱控制（bladder control）：主动克制排尿的能力。

肠道控制（bowel control）：主动克制拉大便的能力。

实足年龄（chronological age）：指一个人从出生之日开始，到计算时为止的生存年数。

具象（concrete）：形容身体可以直接察觉到的物体、动作或行为，或者形容与特定的或真实的物体、动作或行为直接相关。

具象思维（concrete thinking）：指与身体可以直接察觉到的、特定的或真实的物体、动作或行为直接相关的思维。

脱敏（desensitize）：使某人对特定的刺激源或兴奋点的敏感度降低或应激反应减少。

破坏性（disruptiveness）：指某件事打断或妨碍活动发展的程度。

环境刺激（environmental stimulation）：身体能够察觉到的任何能够提高个体唤醒水平的事物。

挫败感（frustration）：个体在无法克服某个困难时所体验到的失望感。

习惯培养（habit training）：教个体学会在一天当中的某些特定时间去厕所大小便的过程。与之相反的是，教个体在感觉自己有大小便的生理需求时再使用马桶。

模仿（imitation）：效仿或复制其他人的行动。

冲动的（impulsive）：形容无计划的、突如其来的自然行为。

心不在焉（inattentive）：指缺少专注力，大脑一片空白，或者注意力和心思都被导向了其他的焦点。

大小便失禁（incontinent）：形容个体不能克制或控制小便和／或大便。

互动（interaction）：发生在两个或两个以上的人之间的相互交流过程。

干预（intervention）：用来实施转变的过程。

无关细节（irrelevant details）：形容不重要的或者与焦点话题无关的感觉信息。

字面意思（literal）：词语、惯用语和句子精确而固定的含义。

言辞刻板的沟通（literal communication）：在与其他人分享信息时按固定不变的字面含义来解释。

刻板思维（literal thinking）：形容以固定不变的字面含义为基础的思维。

不适应行为（maladaptive behaviors）：指在当前情况下不适宜或者不能奏效的行为。

心理年龄（mental age）：个体的能力或表现所能达到的年龄水平。

动作计划障碍（motor planning difficulties）：指在执行任务时难以启动必需的肌肉运动。

自然的日程安排（natural schedule）：指按照自然而然发生的事件来确定上厕所的预定时间。

不顺从（noncompliance）：不能遵循一个指令、要求或期望。

非言语行为（nonverbal behavior）：指可观察到的、不涉及任何言语表达的行为。

实物交换（object swap）：一种沟通体系。通过交换具有代表性的实物来索取物品、请求开展活动或行动，从而达到沟通的目的。

恐慌症（panic attacks）：极度焦虑的经历，在发作期会出现各种各样的生理变化，如心悸、呼吸短促、头昏眼花、发抖或恶心。

家长会谈（parent conference）：指一位或多位教育工作者与学生家长的会面，旨在讨论与学生教育相关的问题。

以图片为基础的沟通（picture-based communication）：利用物体、行为或想法的视觉表现来与其他人分享信息。

图片提示（picture cues）：有关物体、行为或想法的视觉表现，用来提醒某人可以发起一个行为或回应。

图片交换（picture exchange）：指一种沟通过程，包括用一张图片或图片符号交换或兑换它所代表的物体、行为或反应。

图片时间表（picture schedules）：用视觉图像表示的时间表，包含一系列预定的活动。

图片符号（picture symbols）：在替代沟通系统中用来代表物体、行为或反应的简化的线条画。

正强化物（positive reinforcers）：跟在一个行为后面出现，并且会使那个行为的发生率提高的各种令人开心的行动、物体或活动。

坐便椅（potty chairs）：独立的便携式马桶，其尺寸、原材料和款式选择空间大。

马桶座（potty seats）：马桶上的支撑设备。

预演（pre-teaching）：在个体正式进入任务体验之前，提醒他注意相关的步骤、预期值或者期望行为。

退化（regression）：行为表现返回到进步之前的状态。

强化物（reinforcers）：跟在一个行为后面出现，并且会使那个行为的发生率提高的行动、物体或活动。实际上，强化物可以是正向的，也可以是负向的。

奖励（reward）：当个体表现良好时送给他的某件东西，通常是令他开心的物品。

仪式（rituals）：非常正式地重复行为模式。

榜样（role model）：指观察和模仿的对象。

常规（routine）：即有规律的行动过程，大多受程序规则的支配。

对刺激敏感（sensitivity to stimulation）：指对身体察觉到的生理感觉或变化有过激反应。

感觉意识（sensory awareness）：对身体察觉到的生理感觉的反应水平。

感觉输入（sensory input）：指身体察觉到的生理感觉。

行为链（sequenced chain of behavior）：一系列相关联的行为共同组成了一个更为复杂的行动。

步骤序列（sequence of steps）：一系列相关联的行为按照一个特定的顺序，组成一个更为复杂的行动。

序列学习（sequential learning）：指通过把一系列想法或经历按照某个特定的顺序连接起来的方式来获得新信息。

社会认可（social acceptance）：获得其他人心甘情愿的接纳和欢迎。

特殊教育支持（special education support）：指从公立学校的特殊教育计划中获得的帮助。

刺激（stimulation）：指引发或推进某个反应的重要事物。

应激反应（stress）：指在对刺激或改变做出反应时所发生的生理变化。

压力管理技术（stress management techniques）：用来减少刺激和改变带来的负面影响的策略。

互助小组（support groups）：拥有共同兴趣的人们汇聚到一起，互相帮助解决类似相关的需求。

触觉刺激（tactile stimulation）：指通过身体接触所察觉到的任何事物，它能唤起个体的反应。

发脾气（tantrums）：指破坏活动正常进行的不适宜行为发作，同时可能伴有激烈的行为，如尖叫、跺脚、扔东西或攻击行为。

如厕训练（toilet training）：教某个人在厕所大小便的过程。

训练裤（training pants）：经过特殊设计的内裤，通常代替尿布，在如厕训练期间穿戴。为了更好地吸收水分，训练裤的重要部位都填充了额外的衬垫。

视觉时间表或以视觉信息为基础的时间表（visual schedule or visually-based schedule）：指用视觉表象的形式来描述预定活动的时间表。

视觉思维者（visual thinkers）：形容那些通过在头脑中创造视觉表象的方式来赋予语言意义的人。

发声（vocalization）：即利用口腔产生的、除口头言语之外的声音来表达愿望、需求、想法、感觉或观念。

关 于 作 者

纵观玛丽亚·惠勒的职业生涯，她已经在心理学和特殊教育领域辛勤耕耘了二十多年，重点钻研神经行为障碍、应用行为分析和特殊学习障碍。她一直在佛罗里达州和得克萨斯州担任特殊教育教师、行为专家，以及神经行为障碍和发展障碍儿童及成人住院治疗中心行为服务部门主管。她目前在德克萨斯州主持重度情绪障碍和孤独症教师、特殊教育教师以及心理教师的资格认证工作。

作为一名私人顾问，玛丽亚为得克萨斯州的多个学区、教育机构和家庭提供咨询服务。她是全美公认的孤独症、行为和学习障碍以及有效训练（effective discipline）领域的演讲家和培训师。她为教授孤独症及其他行为和学习障碍学生的教育工作者提供行为干预和教学课程的现场咨询。她也为家庭训练和家长培训提供现场辅导。著有畅销图书《面向融合学校的行为训练》和《行为策略的百宝箱：献给孤独症儿童或成人》（合著）等多部有影响力的行为训练的著作。